PRISTNA UKRAJINSKA KUHINJA

100 pristnih tradicionalnih receptov iz Ukrajine. Zdrava nizkokalorična veganska/vegetarijanska dieta za enostavno in stilsko hujšanje

Jure Bizjak

Avtorski material ©2024

Vse pravice pridržane

Nobenega dela te knjige ni dovoljeno uporabljati ali prenašati v kakršni koli obliki ali na kakršen koli način brez ustreznega pisnega soglasja založnika in lastnika avtorskih pravic, razen kratkih citatov, uporabljenih v recenziji. Ta knjiga se ne sme obravnavati kot nadomestilo za zdravniški, pravni ali drug strokovni nasvet.

KAZALO

KAZALO 3
UVOD 6
ZAJTRK 7
   1. Ukrajinske krompirjeve palačinke 8
   2. Ukrajinski rženi kruh 10
   3. Ukrajinski vaški zajtrk 12
   4. Ukrajinski hašiš za zajtrk 14
   5. Ukrajinske palačinke s sirom 16
   6. Ukrajinski sendvič za zajtrk 18
   7. Ukrajinski čaj z medom in limono 20
   8. Ukrajinski črni kruh 22
   9. Ukrajinski kruh iz kislega zelja 24
PREDJEDI IN PRIGRIZKI 27
   10. Ukrajinski mandljevi polmeseci 28
   11. Ukrajinski češnjevi cmoki 30
   12. Ukrajinska babbka 32
   13. Bučke kisle kumarice 35
   14. Hitro vložene kumare 37
   15. Vložene gobe 39
   16. Tradicionalni krofi 41
   17. Angelska krila 44
   18. Ukrajinska pica 46
   19. Veganski pirogi 48
   20. Baguette z gobami 50
   21. Veganske sirove štručke 52
   22. Hopsala, Hopla 54
   23. Gobova ajdova skleda 56
   24. S nizko pražen por 59
   25. Dimljena čebula in mak b beri zvitek 61
   26. Kokosov krof 64
   27. Kolerabov šnicel 66
   28. Palačinke s kvasom 68
   29. Predjed s slivami 70
   30. Veganske palačinke s slivovim maslom 72
JUHE IN SOLATE 74
   31. Pesna juha po ukrajinsko 75
   32. Ukrajinski boršč s kumarami in limono 78
   33. Juha s kislimi kumaricami 80
   34. Boršč 82
   35. Iz jagod / borovnic 84
   36. Zeljna juha 86

37. Sladko in kislo rdeče zelje 88
38. Bvzgojeno rdeče zelje z malinami 90
39. Zelenjavna juha 92
40. Paradižnikova juha 94
41. Juha kislih kumaric 96
42. Kisla ržena juha 98
43. Ohlajena pesna juha 100
44. Sadna juha 102
45. Krompirjeva juha 104
46. Limonina juha 106
47. Špargljeva juha 108
48. Solata iz pese 110
49. Solata iz zelene in pomaranč 112
50. Zelenjavna solata 114
51. Kumare v kokosovi smetani 116
52. Kolerabina juha 118
53. Ukrajinska fižolova juha 120

GLAVNA JED **122**

54. Lepe ribe iz Ukrajine 123
55. Ukrajinski koper piščanec 125
56. Ukrajinski mesni in ribji obara 127
57. Ukrajinska pečenka 129
58. Ukrajinski zeljni zvitki s prosom 131
59. Ukrajinski goveji strogano ff 133
60. Vegetarijanski bigos 135
61. Ukrajinski cmoki 137
62. Sladki sendviči s skuto 139
63. R led z jabolki 141
64. Rezanci in cmoki 143
65. Rezanci in veganski siri e 145
66. Makaroni z jagodami 147
67. Rezanci z gobami 149
68. Veganski sir z redkvicami 151
69. Pašta z makom 153
70. Ukrajinske ribe 155
71. Zeljni zvitki 158
72. Pierogi iz krompirja in veganskega sira _ 160
73. Pečen pivski tofu 163
74. Pierogi iz sladkega krompirja 165
75. Veganske testenine s špinačnimi kroglicami 168
76. Krompir in Korenčkove piroge 170
77. Kuhani cmoki 173
78. Borovničev pierogi 175
79. Kolače marelice 178

SLADICE **180**
   80. ukrajinski chrustyky 181
   81. Ukrajinski Cheesecake 183
   82. Bajaderki 185
   83. Mazurek s čokoladno kremo 187
   84. Bučna kvasna torta Bundt 189
   85. Kremne rolice 191
   86. napolitanke 193
   87. Praznična jabolčna pita 195
   88. Krompirjevi medenjaki 197
   89. Pečena jabolka s sadjem in orehi 199
   90. Vegan Berry cheesecak e 201
   91. Sladki žitni puding 203
   92. Piškoti orehov polmesec 205
   93. Slivova enolončnica 207
   94. Marmelada 209
   95. Velikonočna torta 211
   96. Puding z vanilijevo kremo 213
   97. Creme F Udge _ 215
   98. Mandelj v čokoladnih slivah 217
   99. Veganske sladke sirove rolice 219
   100. Ukrajinski sufle iz dušenega zelja 222
ZAKLJUČEK **224**

UVOD

Dobrodošli v "Pristni ukrajinski kuhinji", kulinaričnem popotovanju skozi 100 čustvenih receptov, ki zajamejo srce ukrajinske kuhinje. Ta kuharska knjiga je praznovanje bogatih in raznolikih okusov, tradicij in topline, ki opredeljujejo ukrajinsko kuhinjo. Pridružite se nam, ko raziskujemo tradicionalne jedi, ki so se prenašale skozi generacije in tako ustvarjamo tapiserijo okusov, ki odsevajo dušo in duha Ukrajine.

Predstavljajte si kuhinjo, napolnjeno z aromo krepkega boršča, cvrčanjem slanih varenyky in sladkostjo tradicionalnih ukrajinskih sladic. "Avtentična ukrajinska kuhinja" je več kot le zbirka receptov; to je povabilo, da izkusite gostoljubje, veselje in udobje, ki prihajajo z ukrajinsko kuhinjo. Ne glede na to, ali imate ukrajinske korenine ali pa vas preprosto privlačijo okusi vzhodnoevropske kuhinje, so ti recepti oblikovani tako, da vas navdihnejo, da ponovno ustvarite pristne okuse Ukrajine.

Od klasičnih pierogi do tolažilnih holubtsi, vsak recept je praznovanje raznolikih in čustvenih okusov, ki opredeljujejo ukrajinsko kuhinjo. Ne glede na to, ali načrtujete družinsko pojedino ali raziskujete užitke ukrajinskih sladkarij, je ta kuharska knjiga vaš vir za doživetje celotnega spektra ukrajinskih kulinaričnih tradicij.

Pridružite se nam, ko se podajamo na potovanje skozi "Avtentično ukrajinsko kuhinjo", kjer je vsaka stvaritev dokaz duševne in srčne narave ukrajinske kuhinje. Torej, nadenite si predpasnik, sprejmite bogastvo ukrajinskega gostoljubja in se potopimo v 100 čustvenih receptov, ki zajemajo bistvo te ljubljene kulinarične tradicije.

ZAJTRK

1.Ukrajinske krompirjeve palačinke

SESTAVINE:
- 1 velika čebula; nariban
- 6 krompirja; olupljen in nariban
- 2 žlici moke
- 2 jajci
- 2 žlički soli
- ¾ čajne žličke črnega popra
- 1 pin kisle smetane
- ½ pinta smetane

NAVODILA:
a) V veliki skledi z mešalnikom pretlačite sestavine razen kisle smetane in smetane. To lahko storite tudi v kuhinjskem robotu ali mešalniku. V ponvi segrejte olje in ko je vroče, dodajte veliko žlico mešanice. Kuhajte, dokler ne porjavi na eni strani. Obrnite in ponovite. Ko je končano, odstranite, odcedite in postavite v toplo pečico.
b) Zmešajte kislo smetano in smetano.
c) Postrezite toplo z veliko kepo smetanove mešanice! To je stalnica v ukrajinskih domovih in te palačinke bodo dobro shranjene v hladilniku 2-3 dni. V mnogih domovih te slastne palačinke postrežejo tudi s konzervo ali marmelado.

2.Ukrajinski rženi kruh

SESTAVINE:
- 1 čajna žlička kvasa
- ¼ skodelice tople vode
- Kvas raztopite v
- voda
- 1 skodelica močne kave
- 1 čajna žlička Blackstrap melase
- 3 skodelice polnozrnate ržene moke
- ⅓ skodelice polnozrnate ajdove moke
- 1¼ čajne žličke soli

NAVODILA:
a) Zmešajte suhe sestavine. Dodajte ¾ skodelice kave in raztopino kvasa. Po potrebi uporabite preostanek kave, če je mešanica presuha. Z vodo na rokah gnetite testo 5-10 minut.
b) Pokrijte in pustite počivati 2 uri na sobni temperaturi. Ne bo veliko naraslo. Spet uporabite vodo na roke in na kratko pregnetite testo. Ponovno pokrijemo in pokrito z vlažno krpo pustimo vzhajati še 30 minut. Testo oblikujte v 1 ali 2 dolgi, suhi štruci, ponovno z vodo na rokah.
c) Testo položite na pekač za piškote, pomaščen ali potresen z moko. Testo vzhajamo na toplem in vlažnem mestu približno 45 minut, dokler ni testo mehko. Dviga se bo malo.
d) Pečemo pri 450 stopinjah 20 minut, s ponev z vodo v pečici.
e) Pečemo pri 375 stopinjah F. še 30 minut brez vode.

3.Ukrajinski vaški zajtrk

SESTAVINE:
- 50 g lardo, sesekljan
- 1 šalotka, narezana na tanke rezine
- 1 piščančja prsa iz proste reje, po dolžini tanko narezana
- 100 g ohrovta
- 4 srednje velika jajca proste reje

NAVODILA:
a) Lardo kuhajte v veliki ponvi na zmernem ognju približno 5 minut, dokler se večina maščobe ne stopi (stopi). Dodamo šalotko in kuhamo, dokler ne postane zlata (približno 4 minute).
b) Dodamo piščanca (če ga uporabljamo) in kuhamo 2 minuti, nato dodamo ohrovt in kuhamo še 5 minut.
c) Nazadnje razbijemo jajca, začinimo in skuhamo. Lahko jih pustite cele in kuhate, dokler se beljaki ne strdijo in rumenjaki še tekoči, ali pa jih vmešate v mešanico – tako ali tako bo odličen okus.

4.Ukrajinski hašiš za zajtrk

SESTAVINE:

- 10 yukon gold ali russet krompirjev, narezanih na kocke
- 2 žlici svežega kopra, sesekljanega
- 1 čebula (srednje) sesekljana
- ⅔ skodelice iztisnjene in drobno narezane tekočine iz kislega zelja,
- 1 375-gramski obroč dvojno dimljene ukrajinske klobase, narezan na kolobarje
- 2 ½ skodelice narezanih gob
- 1 sesekljana zelena paprika
- 2 žlici rastlinskega olja
- 3 žlice masla
- 1 skodelica suhe skute
- 2 stroka strtega česna d
- 1 čajna žlička soli
- ½ čajne žličke popra
- jajca

NAVODILA:

a) Krompir narežite na kocke in ga kuhajte v mikrovalovni pečici na nepokritem krožniku/krožniku približno 15 minut ali dokler vilice zlahka prebijejo koščke krompirja, vendar so še vedno čvrsti/obdržali obliko.
b) Medtem: segrejte olje v veliki ponvi/ponvi na srednje visoko in pražite kubasso/kielbaso 3-4 minute, redno mešajte in obračajte, nato odstranite na krožnik. Dati na stran.
c) V ponev dodajte še 1 žlico jedilnega olja, nato pa na srednje nizki temperaturi 5 minut pražite zeleno papriko, čebulo in česen. Dodamo gobe in kuhamo še 3-4 minute. Odložite v ločeno skledo.
d) V ponev dodajte maslo in kuhajte krompir, ob rednem mešanju in obračanju, 15 minut, dokler zunaj ne porjavi in znotraj ni mehak.
e) Nato dodajte mešanico zelene paprike/čebule nazaj v ponev, kot tudi kubasso, kislo zelje, suho skuto, posodo in kuhajte, mešajte, še približno 10 minut.
f) Če uporabljate jajca: skuhajte jajca po svojih željah in jih položite na hašiš.

5.Ukrajinske palačinke s sirom

SESTAVINE:
- 275 g kmečkega sira
- 1 jajce
- 50 g navadne moke
- 2 žlici sladkorja v prahu
- Ščepec soli

NAVODILA:
a) sestavine dajte v mešalnik in stepite
b) Z žlico vzamemo mešanico in jo stresemo v moko. Prevrnite, da je zunanjost prekrita z moko. Rahlo sploščite. Položimo na pomokan krožnik ali neposredno v ponev.
c) Cvremo na vsaki strani približno 3-4 minute do zlato rjave barve.
d) Postrezite z marmelado in kislo smetano

6.Ukrajinski sendvič za zajtrk

SESTAVINE:
- 1 jajce
- 1 žlica suhe skute
- ½ čajne žličke kopra
- 1 žlica kisle smetane
- ⅓ skodelice narezane ukrajinske kielbase
- 1 čajna žlička gorčice
- ½ čajne žličke hrena
- 1 polnozrnat angleški mafin
- 2 rezini paradižnika

NAVODILA:
a) Toast angleški muffin.
b) Notranjost skodelice za kavo popršite s pršilom za kuhanje proti prijemanju. V skodelico razbijemo jajce in dodamo suho skuto in koper. Nežno premešajte za sekundo in poskušajte ne zlomiti rumenjaka.
c) Jajčno mešanico postavite v mikrovalovno pečico za 30 – 40 sekund (s pokrovom) ali dokler se jajce ne strdi. Nežno zrahljajte z nožem med notranjostjo skodelice in jajcem.
d) Skupaj zmešamo kislo smetano, hren in gorčico. Enakomerno porazdelite po obeh straneh angleškega muffina.
e) Eno stran angleškega muffina obložite z narezano kielbaso in nežno potisnite kuhano jajce iz vrčka ter na vrh kielbase.
f) Dodamo narezan paradižnik. Na vrh položite drugo polovico angleškega muffina.
g) Postrezite takoj.

7.Ukrajinski čaj z medom in limono

SESTAVINE:
- 8 žlic Oranžni listi indijskega čaja
- 6 žlic Sveže iztisnjen limonin sok
- 2 žlici Sveže naribana limonina lupinica
- 1 skodelica srček

NAVODILA:
a) Liste čaja in limonino lupino položite v vrečko iz gaze in zaprite.
b) Zavremo 2¼ litra vode, dodamo vrečko, limonin sok in med .
c) Kuhajte 5 minut, izklopite ogenj in pustite stati 10 minut.
d) Postrezite toplo

8. Ukrajinski črni kruh

SESTAVINE:
- 1 čajna žlička Aktivni suhi kvas
- ¼ skodelice ; Voda , topla (ne vroča!)
- 1 skodelica Kava, MOČNA; ohlajeno
- 1 čajna žlička Črna melasa
- 3 skodelice Polnozrnata ržena moka
- ½ skodelice Polnozrnata ajdova moka
- 1¼ čajne žličke Sol

NAVODILA:
a) V mlačni vodi raztopimo kvas. V kavo vmešajte melaso.
b) Zmešajte suhe sestavine . Vmešamo še mokre in gnetemo testo 10-12 minut. Testo na tej točki pokrijte v skledi in pustite stati 2 uri. Vzamemo ven in ponovno gnetemo 3-4 minute. Oblikujte zmleto kroglico in jo pokrijte še 30 minut.
c) Vzemite žogo med roke in jo razvaljajte v dolgo, tanko obliko, ki je podobna štruci francoskega kruha, s premerom približno 2-3 cm. Pri rokovanju s testom na vseh dosedanjih stopnjah pazite, da imate mokre roke. Namastite pekač za piškote in nanj položite testo. Testo vzhajajte v topli pečici (približno 85 stopinj F.) 45 minut.
d) Pecite v vlažni pečici pri 375 stopinj F (postavite 1 skodelico vode v kovinsko skledo v pečico) 20 minut.
e) Odstranite posodo z vodo in nadaljujte s peko še 30 minut pri 375 stopinjah F. Tako nastane ena dolga štruca ali pa jo lahko naredite v 2 krajši štruci ali celo v zvitke.

9.Ukrajinski kruh iz kislega zelja

SESTAVINE:
- 1½ skodelice Poparjen pinjenec z nizko vsebnostjo maščob
- ½ skodelice Mlačna voda (98 do 110
- Stopinje F)
- 1 paket Aktivni suhi kvas
- 2 žlici Svetli med
- 4 jajca
- 14 skodelic Polnozrnata oz
- Nebeljena bela moka
- 3 žlice Olje žafranike
- 2 skodelici Odcejeno kislo zelje
- ½ skodelice Naribano korenje
- ½ čajne žličke Poper
- ½ čajne žličke Zeliščni nadomestek soli

NAVODILA:
a) V veliki skledi zmešajte pinjenec, vodo, kvas in med. Mešajte, dokler se kvas ne raztopi in pustite stati 5 minut.
b) V majhni skledi stepite jajca, nato dodajte mešanici kvasa. Vmešajte 5 do 6 skodelic moke ali toliko, da dobite gosto testo. Dobro premešajte in pustite stati 20 minut.
c) Testo intenzivno mešamo 1 minuto, nato dodamo 2 žlici olja in toliko moke, da nastane gosto testo. Rahlo pomokajte pult ali desko za kruh in zvrnite testo na desko. Gnetemo dokler ni gladko in elastično (5 do 10 minut). Posodo za mešanje rahlo naoljimo in vanjo stresemo pregneteno testo. Skledo pokrijemo s kuhinjsko krpo in pustimo vzhajati 40 minut.
d) Testo preluknjamo, nato ponovno pokrijemo in pustimo vzhajati dodatnih 30 minut.
e) Medtem ko testo drugič vzhaja, v manjši kozici zmešamo preostalo olje, kislo zelje, korenje, poper in nadomestek soli. To mešanico kuhajte nepokrito na srednje močnem ognju 10 minut in pogosto mešajte. Odstranite z ognja in prelijte v cedilo, postavljeno nad umivalnik. Pustimo, da se kislo zelje odcedi 10 minut.
f) Rahlo naoljite 9- do 12-palčni pekač in segrejte pečico na 350 stopinj F. Testo razdelite na 2 krogli in vsako razvaljajte v 9- do 12-palčni pravokotnik. En pravokotnik položimo v pekač. Nanj z žlico naložimo mešanico kislega zelja. Drugi pravokotnik testa položimo na kislo zelje. Sezite v ponev in stisnite robove spodnje in zgornje plasti testa skupaj, tako da tesno zaprete. Pustimo vzhajati 10 minut.
g) Kruh iz kislega zelja pečemo toliko časa, da porjavi (približno 45 minut). Z lahkoto se mora dvigniti iz ponve. Pustite, da se ohladi na rešetki, nato pa narežite na debele rezine.

PREDJEDI IN PRIGRIZKI

10.Ukrajinski mandljevi polmeseci

SESTAVINE:
- 2 skodelici nebeljene bele moke
- 1 paket suhega kvasa
- 1 skodelica sladkega masla, sobna temp
- 2 Stepena rumenjaka
- ¾ skodelice kisle smetane

POLNJENJE:
- 2 skodelici mandljev, opečenih in grobo mletih
- ⅔ skodelice do 3/4 c rjavega sladkorja, trdno pakiran
- 2 beljaka
- 1 ščepec soli

NAVODILA:
a) Za pecivo v mediju zmešamo moko in kvas. skleda.
b) Z vilicami za pecivo zarežite maslo, dokler zmes ne spominja na grobo moko. Rumenjake in kislo smetano umešamo in dobro premešamo. Zmes bo še vedno drobljiva.
c) Z rokami oblikujte testo v kepo in ga čim manj delajte. Manj ko gnetete, bolj mehko bo pecivo. Testo bo lepljivo. Zavijte ga v povoščen papir in ohlajajte vsaj 2 uri.
d) Pripravite nadev tako, da v majhni skledi zmešate mlete mandlje in sladkor. Iz beljakov in soli stepemo trd, a ne suh sneg, ki ga previdno vmešamo v zmes z oreščki.
e) Pečico segrejte na 375 F. Ko je testo dobro ohlajeno, ga razdelite na tri kroglice. S pomokanim valjarjem razvaljajte tri kroge približno ⅛" debelo. Delajte na dobro pomokani površini, da se testo ne sprime.
f) Vsak krog razrežite na osem zagozd v obliki pita in jih namažite z nadevom. Začnite na širokem koncu, vsak klin zvijte navzgor kot majhen rogljiček in nato konce potegnite v krivuljo, da oblikujete "rog". Pazimo, da je konica na dnu, da se "rogovi" med peko ne bodo odprli.
g) Mandljeve polmesece položite na rahlo naoljen pekač in pecite približno 30 - 40 minut, dokler ne postanejo zlate in napihnjene.

11. Ukrajinski češnjevi cmoki

SESTAVINE:
- 2 skodelici večnamenske moke; presejan
- 1 čajna žlička soli
- 2 jajci
- 1½ skodelice konzerviranih izkoščičenih rdečih češenj, odcejenih
- ½ skodelice vode
- 1 jajčni beljak
- 1 do 3 žlice sladkorja

NAVODILA:
a) Gnetemo na pomokani deski. Oblikujte kroglo in pustite stati 1 uro. Na pomokani deski zelo tanko razvaljamo. Narežite na majhne kroge, približno 4 cm v premeru.
b) Na spodnjo polovico vsakega kroga položimo 1 žlico sadnega nadeva. Robove premažite z rahlo stepenim beljakom. Testo prelijte, da oblikujete polkrog, in stisnite robove skupaj. Nekaj naenkrat jih dajte v velik kotliček z vrelo vodo in hitro kuhajte 15 do 20 minut ali dokler cmoki ne priplavajo na površje. Odstranite z žlico z režami in odcedite. Postrežemo toplo. Po želji postrezite s toplim češnjevim sokom in gosto smetano.
c) V manjšo ponev damo češnje in sladkor ter dušimo 5 minut.

12.Ukrajinska babbka

SESTAVINE:
- 1 paket aktivnega suhega kvasa
- ščepec sladkorja
- ¼ skodelice tople vode
- ½ skodelice nesoljenega masla, stopljenega
- ¼ skodelice sladkorja
- 1½ čajne žličke soli
- 2 čajni žlički ekstrakta vanilije
- ½ čajne žličke mandljevega ekstrakta
- ¾ skodelice toplega mleka
- 3 jajca
- 4 skodelice nebeljene večnamenske moke
- 2 žlici nesoljenega masla za čopič testa
- 3 žlice vaniljevega sladkorja v prahu ali sladkorja v prahu
- 1½ skodelice suhe skute
- ⅓ skodelice sladkorja
- 1½ žlice kisle smetane
- 1½ žlice moke
- 1 vsako jajce
- 1 čajna žlička limonine lupinice
- ½ čajne žličke ekstrakta vanilije
- 3 žlice ribeza
- 2 žlici konjaka 1/2 ure

NAVODILA:
a) V majhni skledi potresemo kvas in sladkor s toplo vodo in mešamo, da se raztopita. Pustite stati, dokler se ne speni, približno 10 minut. V veliki skledi zmešajte maslo, sladkor, sol, vanilijo, mandlje, mleko, jajca in 1 skodelico moke. Stepajte do gladkega z metlico. Dodamo mešanico kvasa. Stepajte 3 minute ali dokler ni gladka.

b) Dodajte moko, ½ skodelice naenkrat z leseno žlico, dokler ne nastane mehko testo. Testo stresemo na rahlo pomokano površino in gnetemo, dokler ni gladko in svilnato, približno 5 minut.

c) Pazite, da testo ostane mehko. Položite v namaščeno skledo, enkrat obrnite, da namastite vrh, in pokrijte s plastično folijo. Pustite vzhajati na toplem, dokler se ne podvoji, približno 1½ ure. Medtem v skledi zmešajte sestavine za nadev, stepite do kremaste mase. Testo nežno izpraznite, ga obrnite na rahlo pomokano desko in razvaljajte ali potapkajte v pravokotnik 10 x 12 palcev.

d) Premažemo s stopljenim maslom. Namažite z nadevom, tako da pustite ½ palčni rob okrog testa. Modno zvijte žele rolado in stisnite šive. Primite za en konec in zvijte testo približno 6- do 8-krat, da naredite vrv.

e) Oblikujte v ploščat zvitek in ga položite v dobro namaščen model za 10 do 12 skodelic ali cevko. Stisnite konce skupaj in prilagodite testo, da enakomerno leži v pekaču, ne več kot ⅔ polnega.

f) Rahlo pokrijte s plastično folijo in pustite vzhajati, da se izenači z vrhom pekača, približno 45 minut. Pečemo v predhodno ogreti pečici na 350 stopinj F. 40 do 45 minut ali dokler ne postanejo zlato rjave barve in tester za torto ne pride ven čist. Ob dotiku bo slišan prazen zvok. Pustimo stati 5 minut v pekaču, nato pa ga prestavimo iz pekača na rešetko, da se popolnoma ohladi.

g) Pustite stati 4 ure ali čez noč, zavite v plastiko, preden jih narežete. Posujte s sladkorjem v prahu ali pokapajte glazuro s sladkorjem v prahu.

13. Bučke kisle kumarice

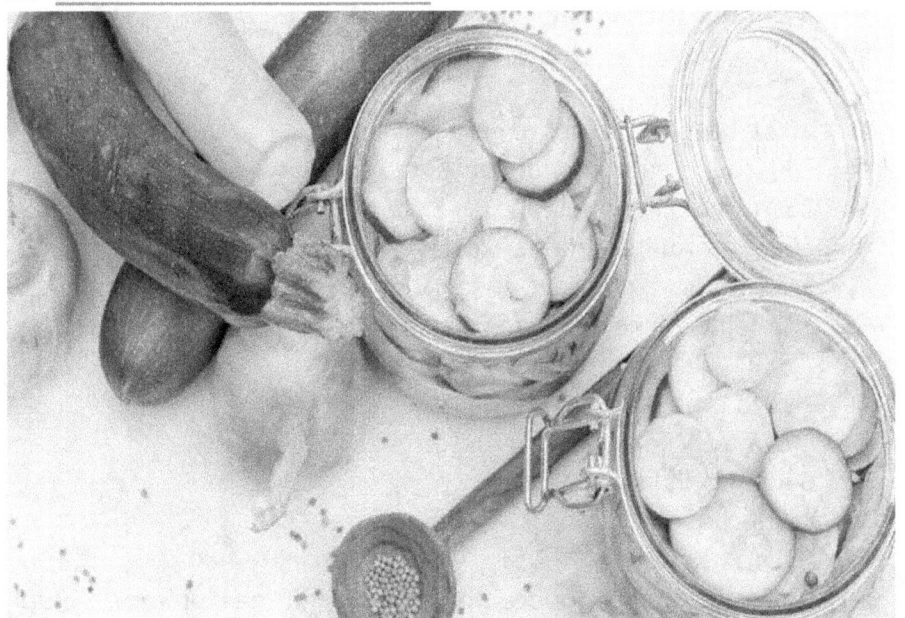

SESTAVINE:
- 3 kg bučk (mešanica rumene in zelene)
- 5 žlic soli
- 500 g čebule
- 500 g korenja, naribanega
- 1 kg rdeče paprike, narezane na kocke
- 250 ml dvojne jakosti (10%) kisa
- 200 g granuliranega sladkorja
- 1 čajna žlička pimentovih jagod
- 1/2 čajne žličke mletega čilija
- 3 čajne žličke semen bele gorčice
- 1 žlica črnega popra v zrnu
- 1 čajna žlička koriandrovih semen
- 6 lovorovih listov
- rastlinsko olje

NAVODILA:

a) Bučke temeljito operemo, vendar jih ne lupimo. Z lupilcem zelenjave raztrgajte ali narežite na dolge tanke kose. Dodajte v posodo za mešanje in začinite s 3 žlicami soli. Vse sestavine zmešajte v skledi za mešanje in pustite 2 do 3 ure.

b) Olupite in narežite čebulo, nato pa jo položite v ločeno skledo s preostalo soljo in dobro premešajte. Pustite 2 do 3 ure za pripravo.

c) Odlijte tekočino, ki se je nabrala v bučkah in čebuli. V veliki mešalni posodi zmešajte bučko, čebulo, narezano korenje in narezano papriko.

d) V kozici zavremo kis, dodamo sladkor in začimbe (razen lovorovega lista). Ko je omaka še vroča, jo prelijemo čez zelenjavo. 3 ure mariniranja

e) Sterilizirajte kozarce tako, da vanje stresete zelenjavo in tekočino. Kozarce zapremo s pokrovi in v vsakega dodamo 1 lovorjev list in 1 žlico olja.

f) V velik lonec, obložen s čisto kuhinjsko krpo, postavite kozarce in dodajte toliko vroče vode, da doseže 3/4 višine sten kozarcev.

g) Zavremo, nato pa kuhamo 20 do 30 minut v vreli vodni kopeli v ponvi, obloženi s čisto brisačo, pri čemer vroča voda sega do 3/4 višine kozarcev.

14. Hitro vložene kumare

SESTAVINE:
- 1/2 čebule, drobno sesekljane
- 75 ml belega kisa
- 100 g sladkorja v prahu
- 3/4 žlice soli
- 1 kumaro, oprano in na tanko narezano

NAVODILA:
a) V majhni posodi zmešajte sesekljano čebulo, kis, sladkor in sol.
b) Ohladite vsaj 30 minut, preden postrežete, potresite z narezanimi kumarami.

15. Vložene gobe

SESTAVINE:
- 1,5 kg majhnih gob
- 2 žlički soli
- 250 ml 10% belega kisa
- 750 ml vode
- 1 čebula, narezana na kolobarje
- 1 1/2 čajne žličke soli
- 3 do 4 žličke sladkorja
- 10 zrn črnega popra
- 3 jagode pimenta
- 1 lovorjev list

NAVODILA:
a) S suho krpo obrežemo in očistimo gobe. Kuhajte 30 minut na majhnem ognju, potem ko ste ga prenesli v ponev z 2 L vrele vode in 2 žlicama soli.
b) V posodi za mešanje zmešajte kis in 750 ml vode. V veliki posodi za mešanje zmešajte čebulo, 1 1/2 čajne žličke soli, sladkor, poprova zrna, piment in lovorjev list. Zavremo, nato zmanjšamo ogenj na nizek ogenj 5 minut.
c) Kuhane gobe odcedite v sterilizirane kozarce. Tesno zaprite pokrove in prelijte z vročo slanico. Pustite, da se ohladi, preden ga postavite v hladilnik za 3 do 4 tedne, preden ga postrežete.

16. Tradicionalni krofi

SESTAVINE:
- 2 paketa aktivnega suhega kvasa (4 1/2 čajne žličke)
- 1 1/2 skodelice rastlinskega mleka , toplo, približno 110 F
- 1/2 skodelice granuliranega sladkorja
- 1/2 skodelice kokosovega masla , pri sobni temperaturi
- 1 žlica žganja ali ruma
- 1 čajna žlička soli
- 4 1/2 do 5 skodelic večnamenske moke
- 1-galonsko rastlinsko olje, za globoko cvrtje
- Približno 1/2 skodelice granuliranega sladkorja, za valjanje g
- Približno 1/2 skodelice slaščičarskega sladkorja za valjanje
- 1 skodelica marmelade ali sadne paste, za nadev, po želji

NAVODILA:
a) V majhni skledi raztopite kvas v toplem rastlinskem mleku. Po mešanju odstavite, da se raztopi.
b) Zmešajte sladkor in kokosovo maslo v veliki skledi za mešanje ali stoječem mešalniku, opremljenem z nastavkom za lopatico, dokler ne nastane pena.
c) Stepajte žganje ali rum in sol, dokler se dobro ne združita.
d) Z nastavkom za veslo izmenično dodajajte 4 1/2 skodelice moke in rastlinsko mešanico mleka in kvasa. Strojno stepajte 5 minut ali dlje, dokler ni gladka, ali ročno dlje.
e) V naoljeno skledo položimo testo. Ponev obrnemo, da namažemo še drugo stran.
f) Po vrhu pokrijte s plastično folijo in pustite vzhajati 1 do 2 1/2 uri ali dokler se prostornina ne podvoji.
g) Rahlo pomokano površino pomokajte in razvaljajte testo. Potapkajte ali razvaljajte na debelino 1/2 palca. Da se izognete odpadkom, s 3-palčnim rezalnikom za piškote izrežite kroge tesno skupaj.
h) Pred cvrenjem list pokrijemo z vlažno krpo in pustimo okrogle vzhajati do podvojitve mase, približno 30 minut.
i) V veliki ponvi ali nizozemski pečici segrejte olje na 350 stopinj F. Nekaj vzhajanih krofov položite v olje z zgornjo stranjo navzdol

(suha stran) in jih pecite 2 do 3 minute ali dokler dno ni zlato rjavo.

j) Obrnite jih in kuhajte še 1–2 minuti ali dokler ne porjavijo. Pazite, da se olje ne segreje preveč, da zunanjost ne porjavi, preden je notranjost končana. Preverite hladnega, da vidite, ali je popolnoma kuhan. Čas kuhanja in toploto olja je treba ustrezno prilagoditi.

k) Še tople povaljamo v kristalnem sladkorju. Če jih želite napolniti, naredite luknjico ob strani krofa in vanjo s slaščičarsko vrečko stisnite veliko kepico nadeva po izbiri. Nato po polnjenem krofu potresemo kristalni sladkor, slaščičarski sladkor ali glazuro.

17. Angelska krila

SESTAVINE:
- 2 skodelici moke
- 1 žlica sladkorja
- 1/4 čajne žličke soli
- 3–5 žlic kokosove smetane
- 1 žlica žganja
- 1/2 čajne žličke vanilije
- 1 čajna žlička citrusove lupinice (neobvezno)
- Veganska mast, za cvrtje
- sladkor v prahu, za posipanje

NAVODILA:
a) Zmešajte moko, sladkor in sol.
b) V ločeni skledi zmešajte 3 žlice smetane, alkohol, vanilijo in lupinico, če jo uporabljate.
c) Mokre sestavine dodajte k suhim in mešajte, dokler se testo ne združi, po potrebi dodajte še malo smetane.
d) Razvaljamo čim bolj na tanko
e) Narežite na trakove velikosti 1 x 4 palcev in naredite zarezo na sredini vsakega traku .
f) En konec povlecite skozi režo, da ustvarite zvit videz
g) Predgrejte mast na 350 °F.
h) Cvrite v serijah do zlato rjave barve in jih obrnite, da se ocvrejo na obeh straneh. Odcedimo na papirnatih brisačah.
i) Po vrhu potresemo sladkor v prahu.

18.Ukrajinska pica

SESTAVINE:
- 1 čajna žlička kokosovega masla
- ½ čebule, narezane na kocke
- 1 (4 oz.) pločevinka narezanih gob, odcejenih
- Sol in poper (po okusu)
- ½ francoske bagete, prepolovljene po dolžini
- 1 c veganskega sira
- Kečap (na vrh)

NAVODILA:
a) Pečico segrejte na 400 stopinj Fahrenheita.
b) V veliki ponvi proti prijemanju segrejte olje. Čebulo in gobe pražite 5 minut ali dokler se ne zmehčajo. Začinimo s soljo in poprom po okusu.
c) Na pekač razporedite polovice baget (ali rezine kruha). Na vrh dodajte mešanico gob in veganski sir.
d) Pečemo 10 minut oziroma dokler veganski sir ni zlato rjav in stopljen.
e) Postrezite s kečapom ob strani.

19. Veganski pirogi

SESTAVINE:
- 14 rezin veganske slanine, prerezanih na pol
- 12 unč mini krompirjevih pirog, odmrznjenih
- 1/4 skodelice svetlo rjavega sladkorja

NAVODILA:
a) Pečico segrejte na 400°F. S pršilom za kuhanje obložimo obrobljen pekač.
b) Vegansko slanino ovijte okoli sredine vsakega pieroga in položite na pekač. Rjavi sladkor mora biti enakomerno porazdeljen.
c) Pečemo 18 do 20 minut pri 350°F.

20.Baguette z gobami

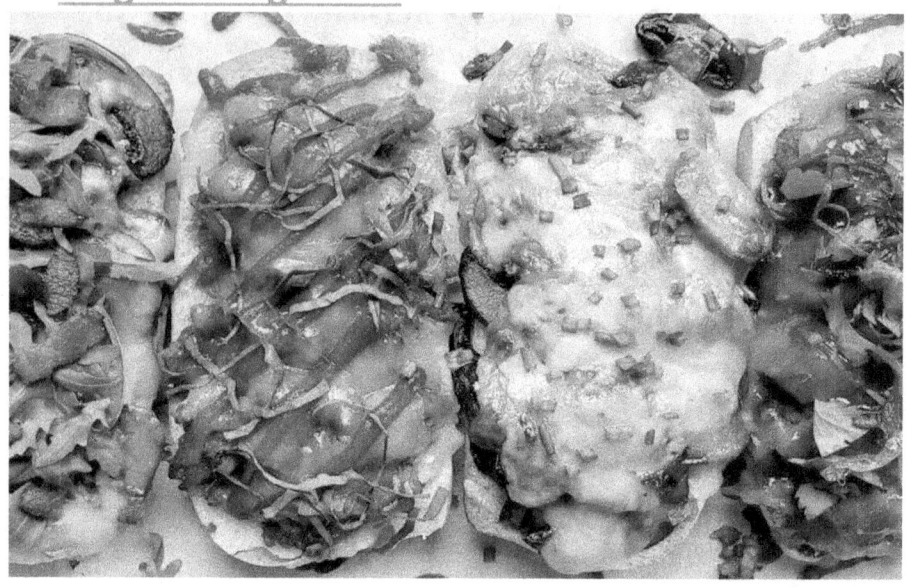

SESTAVINE:
- 1 bageta
- 10 oz. (300 g) šampinjonov
- 1 majhna čebula
- 5 oz. (150g) veganskega sira
- 1 žlica kanolinega olja (za cvrtje)
- 2 žlici paradižnikovega kečapa

NAVODILA:
a) Pečico segrejte na 400 stopinj Fahrenheita .
b) Bageto po dolžini prerežemo. Izdolbite ga še malo.
c) Gobe operemo, osušimo in narežemo na majhne koščke.
d) Čebulo olupite na majhne koščke.
e) Segrejte ponev in dodajte olje. 7-10 minut pražimo sesekljano čebulo in gobe. Sol in poper po okusu.
f) Veganski sir pripravite tako, da ga naribate.
g) V bagete naložimo prepraženo čebulo in gobe. Pokrijemo z nastrganim veganskim sirom.
h) Pečico segrejte na 350°F in pecite do zlato rjave barve (cca.8-10 minut).

21.Veganske sirove štručke

SESTAVINE:
TESTO
- 4 skodelice večnamenske moke
- 2 zavitka instant suhega kvasa (5 žličk) ali 9-10 žličk svežega kvasa
- 1/3 skodelice sladkorja
- 1/3 skodelice kokosovega masla
- 1/2 čajne žličke soli

POLNJENJE
- 2 skodelici veganskega sira
- 1/3 skodelice kokosovega masla
- 1/2 skodelice sladkorja v prahu
- rozine

NAVODILA:
NAREDITE TESTO
a) V posodi za mešanje zmešajte moko, instant suhi kvas, sladkor in sol. Prilijemo stopljeno kokosovo maslo.
b) Če uporabljate svež kvas, ga najprej zmešajte s sladkorjem in malo svežega rastlinskega mleka. Po tem združite vse preostale sestavine.
c) Zamesimo testo. Veliko posodo za mešanje do polovice napolnite z moko. Testo damo v skledo, pokrijemo s kuhinjsko krpo ali krpo in postavimo na toplo.
d) Počakajte, da se masa podvoji, približno 1-1,5 ure.

NAREDITE NADEV
e) Zmešajte vse sestavine za nadev.
f) Dva pekača obložimo s papirjem za peko.
g) Ko je testo pripravljeno, ga razdelite na 10-12 kosov.
h) Po oblikovanju okrogle žemlje položite na pekač.
i) C. Pekače prekrijemo s kuhinjsko krpo in jih postavimo na toplo za nadaljnjih 40 minut.
j) Pečico segrejte na 392 stopinj Fahrenheita (200 stopinj Celzija).
k) Po 40 minutah s kozarčkom naredimo jamice v žemljice.
l) V jamice položite kremo.
m) Po vrhu vsake žemljice potresemo rozine, če jih uporabljamo.
n) Pečico segrejte na 350°F in pecite 15 minut.

22.Hopsala, Hopla

SESTAVINE:
- 1 ¼ lbs. mleti seitan
- 1 funt veganski sir
- 1 čajna žlička mletega origana
- 1 čajna žlička česna v prahu
- ½ čajne žličke zdrobljene rdeče paprike
- 1 ščepec semen koromača
- 1 štruca rženega kruha za zabavo, včasih imenovanega koktajl rženi kruh

NAVODILA:
a) Pečico segrejte na 400°F.
b) V veliki ponvi na srednje močnem ognju dodajte mleti seitan. Med nenehnim mešanjem kuhajte, dokler ne porjavi.
c) Mešanici dodajte origano, česen v prahu, zdrobljeno rdečo papriko in semena komarčka.
d) Sir narežite na kocke in ga zmešajte z mešanico seitana. Mešajte, dokler se sir ne stopi in zmes dobro poveže.
e) Na vsak kos kruha z majhno zajemalko za sladoled (premera približno 114 palcev) ali z jedilno žlico dodajte kanček mešanice seitana in sira.
f) Pecite 8-10 minut ali dokler se kruh ne popeče in preliv ne začne brbotati, na pekaču za piškote.
g) Postrezite pri sobni temperaturi ali toplo.

23. Gobova ajdova skleda

SESTAVINE:
- 2 čebuli
- 1 korenček
- 2 stroka česna
- 45 g kokosovega masla
- 150 g šampinjonov
- 150 g ajde
- 1 lovorjev list
- 1 zelenjavna jušna kocka
- Peščica kopra, samo listi
- 50 g rukole
- 150 g rastlinskega jogurta
- Morska sol
- Sveže mlet poper
- 1 čajna žlička olivnega olja
- 400 ml vrele vode

NAVODILA:

a) Čebulo olupite, narežite na drobne rezine. Korenje je treba olupiti in drobno sesekljati. Česen je treba olupiti in naribati ali zdrobiti.
b) V ponev dodajte čebulo, kokosovo maslo ter malo soli in popra. Kuhajte in mešajte 5-8 minut ali dokler čebula ne postane kašasta in globoko zlate barve – zmanjšajte ogenj, če se preveč ali prehitro zapeče.
c) V ponev dodajte korenje, česen in gobe ter premešajte, da se združijo. Med občasnim mešanjem kuhajte 5 minut, dokler gobe niso vlažne.
d) Dodamo ajdo in lovorjev list ter premešamo, da se poveže. V osnovni kocki drobljenec. V lonec nalijte 400 ml vrele vode.
e) Dušimo 12-15 minut oziroma dokler voda ne izhlapi in je ajda mehka, a še vedno čvrsta.
f) Z vejic kopra poberemo mehke liste in jih med dušenjem ajde na drobno sesekljamo. Rukolo nasekljamo na majhne koščke.
g) Ajdo poskusite in po želji začinite z malo soli ali popra. Z vilicami premešajte večino kropa in rukole. Segrete sklede do polovice napolnimo z ajdo.
h) Okrasimo z žlico rastlinskega jogurta ter preostalo rukolo in koprom.

24.S nizko pražen por

SESTAVINE:
- 4 por
- ¼ skodelice olivnega olja
- 1 žlica morske soli

NAVODILA:
a) Por premešajte z oljčnim oljem in soljo v velikem mešalniku, dokler ni dobro prevlečen. Por položite s prerezano stranjo navzdol na pripravljen pekač.
b) Pekač previdno zavijemo v folijo – ni nujno, da je popolnoma zaprta, mora pa biti čim bolj napeta. Pekač vrnemo v pečico in temperaturo znižamo na 300 stopinj.
c) Pečemo 15 do 30 minut oziroma dokler se por ne zmehča. Pekač vzamemo iz pečice in por obrnemo. Vrnite se v pečico, povišajte temperaturo na 400 °F in pecite 15-20 minut ali dokler niso hrustljavi in zlato rjavi.

25. Dimljena čebula in mak b beri zvitek

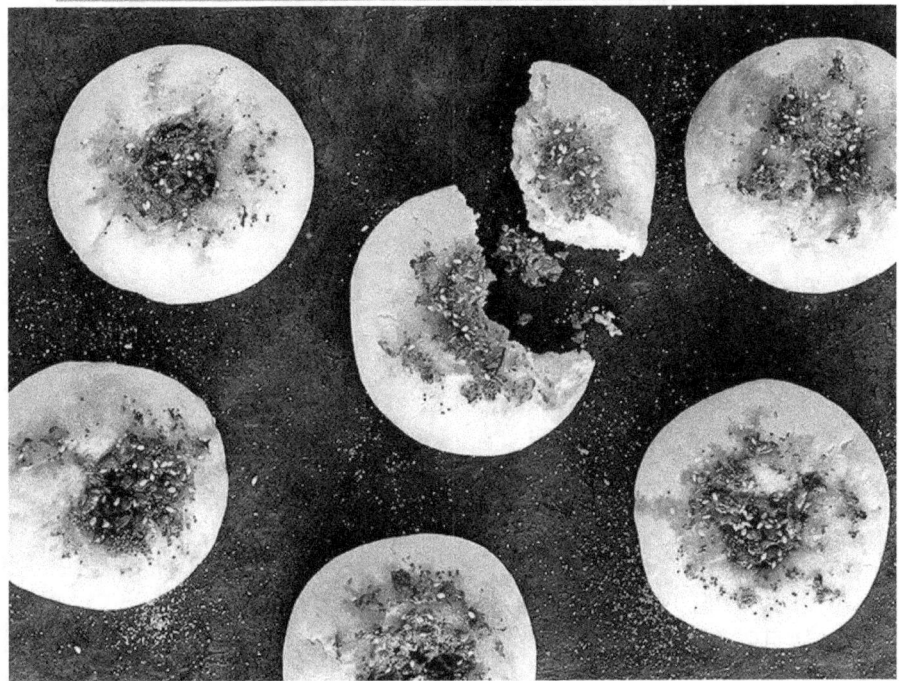

SESTAVINE:
- čebula 1 velika, olupljena in na debelo narezana
- aktivni posušeni kvas 1 čajna žlička
- močna moka za beli kruh 300 g
- navadna moka 175 g, plus še za posip
- morska sol 1½ čajne žličke
- navadna moka 50 g
- aktivni posušeni kvas ½ čajne žličke
- olivno olje 1 žlica
- dimljena morska sol ¼ čajne žličke
- sladka dimljena paprika ¼ čajne žličke
- mak 1 čajna žlička, plus ščepec za posipanje
- sezamovo seme nekaj ščepcev

NAVODILA:
a) V posodi za mešanje zmešajte moko in kvas s 50 ml tople vode, nato pokrijte s folijo za živila in pustite čez noč.
b) Testo začnite naslednji dan tako, da čebulo položite v majhno ponev s 150 ml vode. Vodo segrevajte, dokler ne začne brbotati, nato jo odstavite z ognja.
c) Odstranite iz pečice in pustite, da se ohladi na sobno temperaturo. Vodo nalijte v merilni vrč in se prepričajte, da je 150 ml; če ni, dodajte več. Čebulo odložite za pozneje.
d) Medtem zmešajte kvas in 100 ml tople vode v posodi za mešanje in pustite stati 10-15 minut ali dokler se ne speni.
e) Moko stresite v stoječi mešalnik, opremljen s kavljem za testo, in dodajte starter in čebulno vodo, ko se kvas speni.
f) Začnite mešati pri nizki hitrosti, da se testo poveže, nato povečajte na srednjo hitrost in gnetite testo 5 minut.
g) Po dodajanju soli gnetemo še eno minuto.
h) gnetite 10-15 minut na rahlo pomokani delovni površini z rokami). Pustite, da se testo podvoji na toplem do 2 uri, pokrito z naoljeno folijo za živila.
i) Testo nekajkrat udarite navzdol, da ga udarite nazaj, nato pa ga razrežite na 8 enakih kosov.

j) Testo razvaljajte v ravne kroge, v sredini naredite luknjice, da zagotovite namakanje nadeva, in položite na pomokan pekač.
k) Ko so vse oblike končane, jih ohlapno pokrijte s prozorno folijo ali vlažno kuhinjsko krpo. Pustite vzhajati še 20 minut, dokler ne postane napihnjen in okrogel.
l) Med vzhajanjem testa naredimo nadev. Blanširano čebulo drobno nasekljamo in jo stresemo v ponev z oljem. Pražite, dokler se ne stopi in zlato porumeni, nato pa med stalnim mešanjem dodajte dimljeno morsko sol in papriko. Kuhamo še nekaj minut, nato dodamo mak in ščepec črnega popra. Kul
m) Pečico segrejte na 220 stopinj Celzija/ventilatorsko 200 stopinj Celzija/plin 7. Ko so zavitki pripravljeni za peko, v sredino vsakega dajte približno 1 žlico čebule in potresite z makom in sezamom.
n) Na zvitke položimo prevrnjen globok pekač in nanj položimo utež za pečico – velik pekač ali celo blok.
o) Pecite 15 minut, nato odstranite pekač in nadaljujte s peko še 5-8 minut, dokler zvitki nežno zlato porjavijo.

26. Kokosov krof

SESTAVINE:
- 1 1/3 skodelice kokosovega rastlinskega mleka
- 1/3 skodelice sladkorja
- 2 zvrhani žlički kvasa
- 1/2 čajne žličke soli
- 1 čajna žlička vanilije
- Nekaj napitkov muškatnega oreščka in kardamoma (neobvezno)
- 2 3/4 skodelice večnamenske moke

NAVODILA:
a) V veliki skledi za mešanje zmešajte vse sestavine razen moke.
b) Testo pregnetite le toliko, da se zlepi.
c) Skledo pokrijte s plastično folijo in pustite vzhajati 2 uri ali dokler se ne podvoji.
d) nežno stresite na pomokano desko. Po razvaljanju narežite na kroge do debeline 1/2 palca.
e) Krofe položite na s pergamentom obložen pekač za piškote, ki ste ga pomokali. Pokrijemo s plastično folijo in pustimo še kakšno uro, da vzhaja.
f) V cvrtniku segrejte nekaj rastlinskega olja.
g) Cvremo 2-3 minute na stran, nato pa jih pred polnjenjem odcedimo na papirnatih brisačah, da se ohladijo.
h) S pomočjo slaščičarske vrečke in cevne konice napolnite z marmelado ali kremo in povaljajte v sladkorju v prahu ali kristalnem sladkorju. Uživajte!

27.Kolerabov šnicel

SESTAVINE:
- 1 velika koleraba
- olje za cvrtje
- 1/4 skodelice večnamenske moke
- 1/2 skodelice vode
- 1/2 čajne žličke paprike v prahu
- 1/2 čajne žličke soli

PANIRANJE
- 1/3 skodelice krušnih drobtin
- 1/2 čajne žličke soli
- 1/2 čajne žličke paprike v prahu
- 1 čajna žlička zdrobljenih bučnih semen (neobvezno)
- 1 čajna žlička sezamovih semen (neobvezno)

NAVODILA:
a) Kolerabo operemo in ji odstranimo preostale liste. kolerabo narežemo na 4-6 rezin (debelih približno 1/3 cm). Z lupilcem zelenjave odstranite zunanjo plast.

b) V velikem loncu zavremo vodo in dodamo rezine kolerabe. Pustite 10 minut kuhanja. V sredini naj začnejo postajati prosojni. Nato jih odcedimo, osušimo s papirnatimi brisačkami in postavimo na hladno.

c) V ločeni skledi zmešajte sestavine za paniranje.

d) Rezine kolerabe obložite s paniranjem, ko so dovolj ohlajene, da jih lahko obvladate.

e) V veliki ponvi segrejemo olje (toliko, da pokrije dno) in dodamo paniran kolerabic šnicl. Kuhajte približno 5 minut na vsaki strani na srednje močnem ognju. Na obeh straneh morajo biti zlati in hrustljavi.

f) Položite jih na papirnato brisačo, da vpije odvečno olje po cvrtju in uživajte!

28.Palačinke s kvasom

SESTAVINE:
- 225 g večnamenske moke
- 240 ml toplega rastlinskega mleka
- 1⅙ čajne žličke hitro delujočega kvasa pribl. 4 g
- 1 žlica sladkorja
- Ščepec soli
- 5 žlic rastlinskega olja
- Za kompot
- 1,5 skodelice svežih ali zamrznjenih jagod
- 1 žlica javorjevega sirupa
- ¼ čajne žličke paste ali ekstrakta vaniljevih strokov

NAVODILA:
a) Pečico segrejte na najnižjo možno stopnjo.
b) V veliki posodi mešalnika približno 30 sekund stepajte kvas in sladkor v toplo rastlinsko mleko.
c) Vlijemo moko, dodamo ščepec soli in mešamo 2-3 minute. Skledo pokrijemo s krpo in postavimo v sredino pečice za 50-60 minut, dokler se ne podvoji.
d) V veliki ponvi segrejte 1-2 čajni žlički olja, nato zmanjšajte ogenj in v ponev (ne da bi jo preveč napolnili) stresite žlico testa. Testo bo lepljivo.
e) Palačinke cvremo približno 2½ minut na vsaki strani na majhnem ognju. Postrezite takoj.
f) Za pripravo sadnega kompota v ponvi zmešajte sadje, javorjev sirup in vanilijo ter kuhajte 5 minut na zmernem ognju oziroma dokler se sadje ne zmehča in začne izpuščati sok.

29.Predjed s slivami

SESTAVINE:
- 10 (350 g) kuhanih, ohlajenih in olupljenih krompirjev
- 1/2 skodelice ovsene moke
- 1/4 skodelice jabolčne omake
- 12-14 ali 7-8 Sliv

NAVODILA:
a) Krompir skuhamo in postavimo na hladno.
b) Če uporabljamo velike slive, jih prerežemo na pol.
c) S kuhalnikom za krompir predelajte krompir.
d) Mešajte krompirjev riž, ovseno moko in jabolčno omako, dokler ne nastane čvrsto testo.
e) Testo razvaljamo na ravni površini in ga razrežemo na 12-14 enako velikih okroglih kosov.
f) Za majhne kroge razvaljamo testo.
g) Vsak krog zatesnite tako, da na sredino postavite slivo/polovico slive.
h) V velikem loncu zavremo vodo.
i) Ko pridejo na gladino vode, jih kuhajte približno 5 minut.

30. Veganske palačinke s slivovim maslom

SESTAVINE:
- 355 ml pločevinka gazirane pijače
- 1,5 skodelice rastlinskega mleka
- 2 žlici kanolinega olja
- 2 skodelici AP moke
- ščepec soli
- olje za mazanje pekača
- slivovo maslo za nadev (ali marmelado)

NAVODILA:
a) V posodi za mešanje zmešajte vse sestavine.
b) Ponev segrevajte na močnem ognju 2-4 minute ali dokler ni zelo vroča. Zmanjšajte toploto na srednje visoko, potem ko ponev rahlo namažete z oljem.
c) V pekač vlijemo tanko plast testa in ga enakomerno razporedimo po dnu. Palačinko obrnite, ko se robovi začnejo odlepiti od ponve, in kuhajte še minuto ali dve.
d) Palačinke preložimo na krožnik in pustimo, da se ohladijo nekaj minut. Premažemo jih z malo slivovega masla ali marmelade po izbiri in zvijemo ali zložimo v trikotnik.

JUHE IN SOLATE

31.Pesna juha po ukrajinsko

SESTAVINE:
- 4 srednji paradižniki
- 4 žlice masla
- 1 skodelica čebule; drobno sesekljan
- 2 stroka česna, olupljena; drobno sesekljan
- 1 funt Pesa, očiščena listov, olupljena, grobo naribana
- ½ korenine zelene, olupljene; grobo nariban
- 1 korenina peteršilja, olupljena; grobo nariban
- 1 pastinak, olupljen; grobo nariban
- ½ čajne žličke sladkorja
- ¼ skodelice rdečega vinskega kisa
- 1 žlica soli
- 2 litra goveje juhe, sveže ali konzervirane
- 1 funt kuhanega krompirja, olupljenega; narežemo na 1 1/2-palčne kose
- 1 funt zelja, brez jedra; grobo narezana
- 1 funt kuhanih prsi ali 1 funt kuhane šunke, narezane na 1-palčne kose
- 3 žlice peteršilja; drobno sesekljan
- ½ pinta kisle smetane

NAVODILA:
a) Paradižnik za 15 sekund potopite v vrelo vodo. Spustite jih pod hladno vodo in olupite. Izrežite pecelj, nato pa jih prečno razpolovite.
b) Polovičke nežno stisnite, da odstranite sok in semena, nato pa jih grobo nasekljajte in odložite.
c) V 10- do 12-palčni ponvi ali ponvi stopite maslo na zmernem ognju, dodajte čebulo in česen ter med pogostim mešanjem kuhajte 6 do 8 minut ali dokler nista mehka in rahlo obarvana. Vmešajte peso, korenino zelene, korenino peteršilja, pastinak, polovico paradižnikov, sladkor, kis, sol in 1½ skodelice jušne osnove. Na močnem ognju zavrite, nato lonec delno pokrijte in zmanjšajte ogenj. Dušimo 40 minut.

d) Medtem vlijemo preostalo juho v 6-8-qt enolončnico in dodamo krompir in zelje. Zavremo, nato delno pokrito pustimo vreti 20 minut oziroma dokler se krompir ne zmehča, a ne razpade.
e) Ko je zelenjavna mešanica kuhana predvideni čas, jo dodajte v enolončnico s preostalimi paradižniki in mesom. Delno pokrito dušimo 10 do 15 minut, dokler se boršč ne segreje.
f) Okusite za začimbo. Prelijemo v juho, potresemo s peteršiljem in postrežemo s kislo smetano.

32. Ukrajinski boršč s kumarami in limono

SESTAVINE:
- 4 skodelice olupljenih kumar brez semen --
- Grobo sesekljan
- Sok 2 majhnih limon
- 1 čajna žlička Zeliščni nadomestek soli oz
- Morska sol
- 1 žlica medu
- 1 skodelica nemastnega navadnega jogurta
- 1 skodelica izvirske vode
- 1 skodelica mlete puranje šunke
- 1 velik paradižnik -- narezan
- Zeliščni nadomestek soli in
- Beli poper - po okusu
- Vejice svežega kopra in kislega
- Krema - za okras

NAVODILA:
a) Kumare, limonin sok, nadomestek soli, med, jogurt in vodo dajte v mešalnik in pretlačite do zelo gladkega pireja. Dodamo mleto šunko. Juho nalijte v večjo skledo, pokrijte s plastično folijo in pustite v hladilniku čez noč (8 do 12 ur).
b) Zjutraj paradižnik pretlačimo v pire in dodamo juhi. Poskusite začimbe in po potrebi dodajte več nadomestka za sol in poper.
c) Juho postrezite v ohlajenih skledicah z okrasom iz svežega kopra in kančkom kisle smetane.

33.Juha s kislimi kumaricami

SESTAVINE:
- 6 skodelic zelenjavne juhe
- 1 ½ skodelice naribanega korenja
- ½ skodelice narezane zelene
- 1 skodelica olupljenega svežega krompirja, narezanega na kocke
- 1 skodelica kislih kumaric česna ali kopra, nastrganih
- Moka, po potrebi (približno ¼ skodelice)

NAVODILA:
a) V veliki kozici na hitro zavrite juho, nato zmanjšajte ogenj in pustite, da zavre. Kuhajte 15 minut s korenjem, zeleno in krompirjem.
b) Kuhajte 30 minut ali dokler krompir ni kuhan, po potrebi dodajte kumarice. Če želite bolj gosto juho, naredite pasto iz enakih delov moke in vode.
c) Med stalnim mešanjem počasi prilivamo mleko, dokler se juha rahlo ne zgosti.

34. Boršč

SESTAVINE:
- 2 šopka pese z zelenjem (približno 8-9 srednje velikih pes)
- ½ skodelice sesekljane čebule
- 1-kilogramska pločevinka dušenih paradižnikov
- 3 žlice svežega limoninega soka
- ⅓ skodelice veganskega granuliranega sladila

NAVODILA:
a) Peso skrtačite in očistite, lupine pa pustite. Zelenje naj bo varno. V velikem loncu zmešajte peso, čebulo in 3 litre vode.
b) Kuhamo eno uro oziroma toliko časa, da se pesa izredno zmehča. Peso odstranite iz vode, vendar VODE NE ZAVRZITE. Odstranite čebulo.
c) Peso vrnite v vodo, ko jo na drobno nasekljate. Zelenje je treba pred dodajanjem v vodo oprati in nasekljati. V posodi za mešanje zmešajte paradižnik, limonin sok in sladilo. Kuhajte 30 minut na srednjem ognju ali dokler se zelena ne zmehča.
d) Preden postrežete, ohladite vsaj 2 uri.

35. iz jagod / borovnic

SESTAVINE:
- 1 funt svežih jagod ali borovnic, dobro očiščenih
- 1 ¼ skodelice vode
- 3 žlice veganskega granuliranega sladila
- 1 žlica svežega limoninega soka
- ½ skodelice sojine ali riževe smetane za kavo
- Po želji: 2 skodelici kuhanih, ohlajenih rezancev

NAVODILA:
a) V srednje velikem loncu zmešajte sadje z vodo in na hitro segrejte.
b) Zmanjšajte ogenj na nizko, pokrijte in kuhajte 20 minut oziroma dokler sadje ni zelo mehko.
c) Zmešajte v mešalniku do gladkega. Pire vrnemo v lonec in vanj vmešamo sladkor, limonin sok in smetano. Po mešanju pustite vreti 5 minut.
d) Pred serviranjem juho ohladite vsaj 2 uri.
e) To juho tradicionalno postrežemo samostojno ali s hladnimi rezanci.

36.Zeljna juha

SESTAVINE:
- 2 žlici margarine
- 2 skodelici narezanega zelenega zelja
- ½ čajne žličke črnega popra
- 3 skodelice vode
- 2 skodelici olupljenega in na kocke narezanega krompirja
- ½ skodelice sesekljanega svežega paradižnika

NAVODILA:
a) V jušnem loncu stopimo margarino.
b) Dodamo zelje in poper ter kuhamo približno 7 minut oziroma dokler zelje ne porjavi.
c) Vmešajte krompir, paradižnik in vodo; pokrijte in kuhajte 20 minut ali dokler krompir ni kuhan.

37. Sladko in kislo rdeče zelje

SESTAVINE:
- 3 skodelice narezanega rdečega zelja
- ½ skodelice olupljenega in narezanega trpkega jabolka, kot je Granny Smith
- 2 skodelici vrele vode
- 1 žlica koncentrata jabolčnega soka
- ½ čajne žličke mletega pimenta
- 4 žlice kisa

NAVODILA:
a) V velikem loncu zmešajte vse sestavine.
b) Hitro zavremo, nato zmanjšamo ogenj in kuhamo, dokler se zelje ne zmehča, približno 20 minut.

38.B vzgojeno rdeče zelje z malinami

SESTAVINE:
- 6 skodelic tanko narezanega rdečega zelja
- 8 oz. / 225 g svežih ali zamrznjenih malin
- 4 žlice kokosovega masla
- 3 žlice večnamenske moke
- 6 brinovih jagod
- 1/4 čajne žličke mletega pimenta
- 6-8 poprovih zrn celih
- 2 lovorjeva lista
- 2 žlici kisa
- 1 1/2 skodelice vode + še 1/2 po potrebi
- 1/2 skodelice suhega rdečega vina
- Sol in sladkor po okusu

NAVODILA:
a) Ohrovt na tanko narežemo (za enakomerne in tanke rezine uporabimo kuhinjski robot).
b) V veliki kozici stopite kokosovo maslo. Dodajte brinove jagode, začimbe, poprova zrna in lovorjev list, medtem ko se kokosovo maslo topi. Ko se popolnoma stopi, dodamo moko in mešamo do gladkega.
c) Vmešajte zelje, maline, kis, rdeče vino, 1 1/2 skodelice vode in 1 čajno žličko soli. Dobro premešamo, pokrijemo in dušimo približno 10 minut na srednje nizki temperaturi.
d) Po mešanju okusite. Če omaka ni dovolj sladka, dodajte 1 čajno žličko sladkorja in po potrebi dodajte sol.
e) Kuhajte še 10-20 minut oziroma dokler se okusi ne stopijo.

39. Zelenjavna juha

SESTAVINE:
- jušna zelenjava (2 korenčka, ½ korenine zelene, 1 por, svež peteršilj)
- 1 skodelica (100 g) cvetov cvetače
- ½ skodelice (50 g) kuhane koruze
- sol in poper
- po želji: bujonska kocka, čebula

NAVODILA:
a) V velikem loncu zavrite 2 litra (2 litra) vode.
b) Korenje, koren zelene in por narežite na 1/4-palčne (6 mm) rezine. Ogenj zmanjšamo na nizko in v vrelo vodo dodamo narezano zelenjavo, cvetke cvetače in koruzo.
c) Začinimo s soljo in poprom po okusu ter dušimo približno 40 minut na zmernem ognju.
d) Okrasite s peteršiljevimi cvetki, narezanimi na kocke.

40. Paradižnikova juha

SESTAVINE:
- 2-litrska juha
- 2 žlici kokosove smetane
- 1 žlica moke
- 5 oz. (150 ml) paradižnikova pasta
- sol in poper
- koper

NAVODILA:
a) Jušno jušno zelenjavo (2 korenčka, 12 čebul, 12 korenin zelene, 1 por, številna stebla peteršilja) precedimo in tekočino obdržimo.
b) Kokosovo smetano zmešajte z moko, nato pa jo dodajte v juho skupaj s paradižnikovo pasto.
c) Na močnem ognju zavremo, začinimo s soljo in poprom ter okrasimo s koprom.
d) Da bo juha bolj nasitna, ji lahko dodate riž ali rezance.

41.Juha kislih kumaric

SESTAVINE:
- 3 krompirji
- 1 bujonska kocka
- 1 žlica kokosovega masla
- 2 veliki kisli kumari, na drobno narezani
- 1 skodelica (250 ml) soka kislih kumaric
- 2 žlici kokosove smetane
- 1 žlica moke
- sol
- koper

NAVODILA:
a) Krompir olupimo in narežemo na polpalčne (1,3 cm) kocke, nato pa ga skupaj z bujonsko kocko in kokosovim maslom skuhamo v 2 litrih (2 l) vode.
b) Na drobno narezane kisle kumarice in sok kislih kumaric dodamo po približno 20 minutah, ko se krompir začne mehčati.
c) V ločeni posodi zmešamo kokosovo smetano in moko, nato postopoma dodajamo 3 žlice juhe, ki vre na ognju. Nato zmes vrnemo v juho in jo ponovno zavremo.
d) Po okusu dodajte sol in na kocke narezan koper (vendar juho najprej poskusite, da se sok kislih kumaric ne bo premočil).
e) Namesto krompirja lahko uporabimo riž. Ko je juha gotova, preskočite 1. korak in dodajte 3 skodelice kuhanega riža.

42.Kisla ržena juha

SESTAVINE:
- 2 qt juho
- 2 skodelici kisle ržene moke
- 2 žlici moke
- Sol
- 2 stroka česna
- neobvezno: gobe

NAVODILA:
a) zelenjavo zavrite v 2 litrih vode, da dobite juho. Po želji lahko dodate tudi nekaj narezanih gob.
b) Juho precedimo skozi cedilo, prihranimo tekočino, in ko se zelenjava zmehča (približno 40 minut), juhi dodamo mešanico in moko.
c) Po okusu lahko začinite s soljo.
d) V juho dodajte česen, drobno nariban ali narezan na kocke.

43.Ohlajena pesna juha

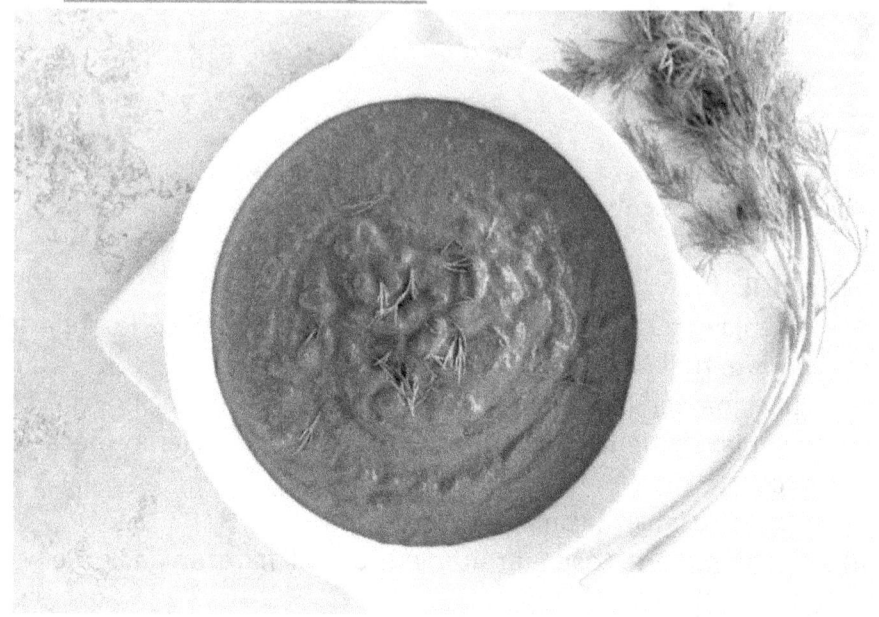

SESTAVINE:
- 1 šopek pese
- 1 kumara
- 3–5 redkev
- koper
- drobnjak
- 1-litrski navadni rastlinski jogurt
- sol in poper
- sladkor
- neobvezno: limonin sok

NAVODILA:

a) Peso odstranimo iz šopka, samo stebla in pesne liste na drobno narežemo in dušimo približno 40 minut v majhni količini vode do mehkega. Pred serviranjem pustite, da se ohladi.

b) Kumare, redkev, koper in drobnjak je treba vse drobno sesekljati. Te sestavine , kot tudi mešanico pese, zmešajte v rastlinskem jogurtu in temeljito premešajte.

c) Po okusu začinimo s soljo, poprom, sladkorjem in po želji z limoninim sokom. Zmiksajte ali pretlačite juho v pire, če želite bolj gladko teksturo.

d) Postrezite ohlajeno s koprom na vrhu.

e) Ta juha je tradicionalno pripravljena samo iz stebel in listov rdeče pese. Lahko pa uporabite samo peso. 1 funt kuhane pese, drobno naribane in pomešane s preostalimi sestavinami

44.Sadna juha

SESTAVINE:
- 1 žlica krompirjeve moke
- 1 skodelica (250 ml) ohlajene juhe
- 3 jabolka
- 8 oz. (250 g) sliv ali češenj
- ⅓–½ skodelice (75–115 g) sladkorja

NAVODILA:
a) Za pripravo kaše združite polovico hladne juhe z moko.
b) Jabolka, slive ali češnje zavrite v 1½ litrih (1½ l) vode, potem ko jih olupite. Ko se sadje zmehča, ga nastrgamo na drobno strgalo ali z vodo pretlačimo v blenderju in začinimo s sladkorjem po okusu.
c) V skledi za mešanje zmešajte moko in jušno zmes.
d) Mešajte mešanico juhe, dokler ni vse pravilno premešano.

45.Krompirjeva juha

SESTAVINE:
- 1½ litra zelenjavne juhe
- 2 čebuli
- 2 pora
- 5 strokov česna
- 3 žlice oljčnega olja
- 4 krompirji
- zelišča: lovor, timijan, drobnjak
- sol in poper

NAVODILA:
a) Čebulo in por drobno narežemo, nato pa ju narežemo na četrtinčne (6 mm) kolobarje in ju na oljčnem olju prepražimo z narezanimi stroki česna.
b) Krompir narežite na kocke, potem ko ga očistite, olupite in očistite.
c) Ko sta čebula in por srednje rjava, dodajte krompir, zelišča, sol in poper. Nekaj trenutkov mešamo, nato pa zalijemo z osnovo in kuhamo približno 30 minut na majhnem ognju, dokler se krompir ne zmehča.
d) Ko se juha ohladi, jo v mešalniku pretlačite do gladkega. Začinimo s soljo in poprom po okusu.

46. Limonina juha

SESTAVINE:
- 2-litrska juha ali zaloga
- ½–1 skodelice (95–190 g) belega riža
- 2 limoni
- sol in poper
- po želji: ½ skodelice kokosove smetane

NAVODILA:
a) Pripravite juho z 2 litroma vode in jušno zelenjavo ali osnovo (2 korenčka, 12 čebul, 1 zelena, 1 por, veliko stebel peteršilja).
b) Riž kuhajte samo v juhi ali osnovni tekočini, dokler ne postane kašast, približno 25 minut.
c) Olupite 1 limono, jo na drobno narežite in jo z nekaj soli stresite v vreli riž.
d) Nadaljujte z mešanjem juhe, medtem ko ji dodajate preostali limonin sok.
e) Kuhajte nekaj minut na majhnem ognju, po okusu začinite s soljo in poprom.

47. Špargljeva juha

SESTAVINE:
- 1 funt (450 g) belih špargljev
- jušna zelenjava (2 korenčka, 1 por, ½ korenine zelene, svež peteršilj)
- 2 žlici kokosovega masla
- ¼ skodelice (30 g) moke
- sol in sladkor
- ½ skodelice (125 ml) kokosove smetane

NAVODILA:
a) Špargljе olupimo in očistimo. Stebla špargljev in sestavine za juho skuhajte do mehkega v loncu z 2 litroma vode. Tekočino juhe je treba shraniti.
b) Posebej v malo vode skuhamo glavice špargljev.
c) Stebla špargljev pretlačimo v pire in drobno naribamo.
d) Pasirane špargljе zmešajte z jušno juho.
e) V ponvi stopite kokosovo maslo in na majhnem ognju vmešajte moko, da dobite zapečenko. Med kuhanjem juhi dodamo kuhane špargljeve glavice, sol in poper.
f) Postrezite s krutoni in na koncu kančkom kokosove smetane.

48.Solata iz pese

SESTAVINE:
- 4 pese
- 2 žlici hrena
- 1 čajna žlička sladkorja
- ⅓ skodelice (80 ml) vinskega kisa
- peteršilj
- sol in poper

NAVODILA:
a) Peso očistimo in kuhamo v vodi približno 30 minut oziroma toliko časa, da se zmehča. Ko se ohladijo, jih vzamemo ven in olupimo.
b) S srednjimi režami za rešetke naribajte peso.
c) Naredite omako iz hrena, sladkorja, kisa, peteršilja, soli in popra, nato pa z vilicami premešajte peso.
d) Da se ohladi, postavite v hladilnik za približno 2 uri.
e) Namesto hrena lahko uporabimo čebulo.
f) Na 1 žlici olivnega olja rahlo prepražimo 1 na kocke narezano čebulo. Zmešajte olivno olje in začimbe, nato dodajte omako in čebulo pesi ter premešajte, da se združi.

49.Solata iz zelene in pomaranč

SESTAVINE:
- 1 velika korenina zelene
- 1 pomaranča ali 2 mandarini
- ⅓ skodelice (25 g) drobno sesekljanih orehov
- ½ skodelice (125 ml) kokosove smetane
- sol
- neobvezno: ⅓ skodelice (25 g) rozin

NAVODILA:
a) S pomočjo srednje velikih rež naribajte korenino zelene.
b) Olupite pomaranče ali mandarine in jih narežite na četrtinčne (6 mm) velike krhlje.
c) Zeleno, pomaranče in orehe zmešamo z vilicami, nato dodamo kokosovo smetano.
d) Po okusu dodajte ščepec soli. Po želji lahko dodate rozine.

50.Zelenjavna solata

SESTAVINE:
- 5 kuhanih korenčkov
- 2 kuhani korenini peteršilja
- 5 kuhanih krompirjev (po želji)
- 1 manjša kuhana korenina zelene (približno 15 dag)
- 5 vloženih kumaric
- 2 jabolki
- 1 majhna pločevinka koruze (neobvezno)
- 1 pločevinka zelenega graha
- 1 žlica gorčice
- sol, poper, peteršilj, koper

NAVODILA:
a) Zelenjavo oplaknite in skuhajte, ne da bi jo lupili (vsako posebej); ohladimo in olupimo.
b) Jabolkom odstranimo sredico in jih olupimo.
c) Zelenjavo, kumarice in jabolka z ostrim nožem narežemo na kvadratke. Zeleno čebulo je treba sesekljati, graha pa odcediti. Začinimo s soljo in poprom.
d) Po solati potresemo peteršilj in koper. Pustite eno uro za pripravo.
e) Okrasite

51.Kumare v kokosovi smetani

SESTAVINE:
- 1 večja kumara s semeni ali brez, narezana na tanke rezine
- 1 čebula tanko narezana in ločena na kolobarje
- 1/2 skodelice kokosove smetane
- 1 čajna žlička sladkorja
- 2 žlički belega kisa (neobvezno)
- 1 žlica sesekljanega svežega kopra
- sol in poper

NAVODILA:
a) V servirni skledi zmešajte kokosovo smetano, kis, sladkor in poper.
b) Dodajte kumare in čebulo ter premešajte, da se združita.

52.Kolerabina juha

SESTAVINE:
- 1 kolerabo olupite, narežite na kocke, uporabite tudi liste
- 1 srednja čebula drobno sesekljana
- 1 srednje velik korenček, olupljen, narezan na kocke
- 2 srednje velika krompirja, olupljena, narezana na kocke
- 2 žlici drobno sesekljanega peteršilja in kopra
- 1 l zelenjavne osnove vroče
- po 1 žlico olja in masla
- Morska sol in poper po okusu
- 1 žlica koruznega škroba plus 2 žlici vroče vode

NAVODILA:
a) Olupite in grobo narežite liste kolerabice, stebla pa zavrzite. Kolerabo, korenje in krompir narežemo na kocke.
b) V velikem loncu segrejemo 1 žlico olja, dodamo čebulo in dušimo 3 minute oziroma dokler se ne zmehča. Nekaj minut med pogostim mešanjem kuhamo s preostalo zelenjavo in peteršiljem.
c) Dodamo zelenjavno osnovo, popopramo, premešamo, pokrijemo in zavremo, nato zmanjšamo ogenj in ob občasnem mešanju kuhamo približno 30 minut oziroma dokler se zelenjava ne zmehča .
d) Dodamo sesekljan koper in dušimo še 3 minute. Na tej točki lahko juho zgostite (čeprav ni treba). To storite tako, da 2 žlici vrele vode zmešajte s koruznim škrobom, nato vmešajte v juho in kuhajte 3 minute.
e) Odstavite z ognja, začinite po okusu in pred serviranjem dodajte žlico masla.

53.Ukrajinska fižolova juha

SESTAVINE:
- 1 funt Beli fižol, posušen
- 1½ funtov Kislo zelje
- ¾ funtov Solena svinjina
- 4 krompirji, narezani na kocke
- ½ skodelice Rastlinsko olje
- 1½ žlice Moka
- 1 vsak Čebula, lg. grobo sesekljan
- 1 čajna žlička Sol
- 1 čajna žlička Črni poper
- 4 lovorjev listi
- 3 Strok česna, mleto
- 2 žlici poprova zrna
- ½ skodelice Jogurt, navaden
- 1 vsak Korenček, lg. sesekljan

NAVODILA:
a) Fižol namočimo čez noč. Posebej skuhamo meso, krompir, fižol in kislo zelje.
b) Ko je meso pečeno, ga izkoščičite in narežite na ½" kocke. Krompir narežite na kocke. Fižol zdrobite.
c) in čebulo naredite prežganje . V lonec damo meso in zelenjavo, dodamo prežganje in lovorjev list.
d) Zalijemo z osnovo in kuhamo še 10 minut.

GLAVNA JED

54.Lepe ribe iz Ukrajine

SESTAVINE:
ZALOGA
- 4 stebla zelene -- narezane na 4 palčne rezine
- 2 čebuli -- na četrtine
- 1 zelena paprika - narezana na koščke
- 3 korenčki -- prepolovljeni
- 8 skodelic vode
- Kosti rib in glave
- 1 žlica sveže mletega popra
- 12 vejic peteršilja
- 2 čajni žlički sladkorja
- 1 lovorjev list po želji

RIBE
- 4 funtov sčuka
- 1 funt bele ribe
- 1 funt krapa
- 1 žlica soli
- 2 srednji čebuli -- drobno naribano
- 6 velikih jajc
- 1 žlica rastlinskega olja
- 1 čajna žlička sladkorja
- ½ skodelice Matzah obroka

NAVODILA:
a) Vse sestavine za osnovo postavite v velik kotliček s pokrovom. zavrite, nato pokrijte in zmanjšajte toploto, da zavre.
b) Medtem ko čakamo, da lonec zavre, se lotimo priprave rib. V leseni skledi. zmleti ribi dodajte vse sestavine, navedene pod ribami, ter jih previdno sesekljajte in mešajte.
c) Zmočite roke in ribjo mešanico oblikujte v polpete ovalne oblike, ki jih previdno potisnete v kuhano juho. Počasi kuhamo 2 uri.

55. Ukrajinski koper piščanec

SESTAVINE:
- 1 kos piščančjega mesa
- V servirnih kosih
- ½ skodelice moke
- 1 čajna žlička soli
- ½ čajne žličke popra
- 3 žlice masla ali margarine
- 1 skodelica vode
- 1 majhna čebula, sesekljana
- 1 strok česna, nasekljan
- 2 žlici moke
- 1 skodelica kisle ali sladke smetane
- 1 čajna žlička sesekljanega kopra

NAVODILA:
a) V plastični vrečki zmešajte moko, sol in poper. Dodajte kose piščanca enega za drugim in pretresite. Pomokane koščke piščanca počasi zapečemo na maslu v ponvi.
b) Dodamo vodo, čebulo in česen ter kuhamo na majhnem ognju 40 minut. Moko zmešamo s smetano. Dodamo koper in vmešamo v piščanca.
c) Dobro segrejte, vendar ne zavrite. Postrezite s kuhanim mladim krompirjem, rižem ali rezanci.

56. Ukrajinski mesni in ribji obara

SESTAVINE:
- ½ funta mlete govedine
- ½ funta mlete jagnjetine
- ½ funta sleda, svežega, narezanega na kocke,
- Odrt in izkoščičen
- ½ skodelice navadnega jogurta
- 4 žlice masla
- 4 jajca, ločena
- 1 vsak strok česna
- 1 čebula lg. sesekljan
- 4 Olupljeni in kuhani krompirji
- ½ čajne žličke soli
- ½ čajne žličke črnega popra
- 2 žlici zdrobljenega kozjega sira <Feta>
- 3 žlice krušnih drobtin
- 4 žlice naribanega korenja

NAVODILA:
a) V skledo dajte 1 liter mleka in v njem namočite sled 8-12 ur.
b) Posušite in odstranite vse kosti. Čebulo in česen zlato prepražimo na 2 T masla. Mleto meso prepražimo in damo v kuhinjski robot. Dodajte čebulo, česnov sled in krompir. Sekljajte, dokler ne dobite gladke zmesi. Jogurt in rumenjake umešamo. Dodajte začimbe.
c) Pečico segrejte na 400 stopinj F. in namastite velik pekač. Na tej točki dodajte naribano korenje.
d) Beljake stepamo tako dolgo, da postanejo precej čvrsti, vendar ne suhi, nato jih dodamo zmesi. Zmes zvrnemo v z maslom namazan pekač.
e) Potresemo z drobtinami in kozjim feta sirom, pokapamo s preostalim maslom in pečemo 45 minut. Postrezite toplo.

57. Ukrajinska pečenka

SESTAVINE:
- 1 skodelica kisle smetane ali navadnega jogurta
- 1 čebula lg. narezana
- 1 vsak narezan korenček
- 3½ funtov pečenke
- 4 rezine svinjske soli
- 2 žlici sesekljane kapestose
- ¾ skodelice rdečega vina bordo
- Sol in poper po okusu
- ½ skodelice sveže narezanih gob
- 2 krompirja, narezana na kocke 1/2"
- 1 čajna žlička kisa

NAVODILA:
a) Rezine slane svinjine položite na dno pekača. Nato zmešajte mlado čebulo, rezine korenja, kocke krompirja in čebulo, nato pa jih kot debelo plast položite na slano svinjino.
b) Pečenko po želji natremo s soljo in poprom ter jo popečemo z vseh strani. Odstranite iz ponve in položite v pekač.
c) Dodamo vino in kislo smetano. Prepričajte se, da je kisla smetana sobne temperature, sicer bo meso strdilo.
d) Na pekač položite pokrov za pekač in pecite v pečici pri 350 stopinjah F 2 uri in pol. Po odstranitvi pečenke odstranite maščobo iz sokov.
e) Zgostimo z moko, dodamo kis in zavremo. Omako precedimo in postrežemo čez narezano meso.

58. Ukrajinski zeljni zvitki s prosom

SESTAVINE:
- 2 kilograma zelja
- 250 mililitrov prosa
- 50 gramov slane svinjine
- 2 korenčka
- 1 čebula
- 2 žlici moke
- 4 žlice paradižnikove paste
- 8 žlic kisle smetane
- 2 žlici masla
- 2 skodelici vode; ali juho po potrebi
- Pekoče paprike
- sol; okusiti

NAVODILA:
a) Zeljno glavo z odstranjenim steblom prelijemo z vrelo vodo.
b) Ločite liste od glave in obrežite žile. Čebulo in korenje narežite na drobne kocke (julienne bo deloval na korenju) in pražite, dokler čebula ne začne rjaveti. Proso dobro operemo, prelijemo z vodo in zavremo. Precedite in zmešajte s sesekljano slano svinjino, mešanico korenja in čebule, papriko, soljo in surovimi jajci. Z rokami dobro premešamo, nato pa dele zmesi polagamo na ohrovtove liste, tesno zvijemo in konce zavihamo.
c) Ko končate zvijati ohrovtove žemlje, jih postavite v pečico, dodajte kislo smetano, dobro prevrejte, precedite, posolite in postrezite.
d) PRELIV ZA KISLO SMETO: Na maslu prepražimo moko. Dodajte paradižnikovo pasto in kislo smetano ter nekaj prosene juhe.
e) NADOMESTNIK: Zeljne zavitke zložimo v velik pekač, naredimo kislo smetano, ne da bi jo razredčili, pokrijemo zavitke in pečemo pri 325o približno eno uro.

59. Ukrajinski goveji strogano ff

SESTAVINE:
- 3 funte konice fileja mignona
- 1 skodelica drobno sesekljane čebule
- 4 žlice nesoljenega masla
- 1½ funta Gobe, majhne 1/2" ali manjše
- ⅔ skodelice težke smetane
- ¾ skodelice kisle smetane ali navadnega jogurta
- 2¼ čajne žličke dijonske gorčice
- 2 žlici svežega kopra, drobno sesekljanega
- 1½ žlice svežega peteršilja
- ⅔ skodelice goveje juhe
- Sol in poper po okusu
- 2¾ čajne žličke moke

NAVODILA:
a) Goveje meso narežemo na tanke trakove pribl. 1½" - 2" v dolžino.
b) Na močnem ognju segrejte veliko ponev iz litega železa in dodajte meso po nekaj naenkrat, da se meso zapeče. Meso odstavimo z ognja in odstavimo.
c) Ogenj v ponvi zmanjšamo na srednje in stopimo maslo.
d) Dodamo čebulo, pražimo, dokler ni mehka <cca. 4-5 minut>. Povečajte vročino, dodajte gobe, prepražite; pogosto premešamo, kuhamo 15 - 20 minut. Nižji ogenj do srednje nizke potresemo v moko, dobro mešamo 1-3 minute. Primešamo osnovo, smetano, kislo smetano in gorčico.
e) Pokrijte, zmanjšajte ogenj in pustite vreti 5-7 minut. NE DOPUSTITE, DA ZAKUJE! Meso vrnemo v ponev, premešamo z omako, vmešamo koper in peteršilj ter postrežemo.

60. Vegetarijanski bigos

SESTAVINE:
- 1 c posušenih gob
- 2 srednji čebuli, sesekljani
- 2 žlici olja
- 8-10 oz. / 250 g svežih gob
- 1/2 čajne žličke soli
- 1/4 - 1/2 čajne žličke mletega popra
- 5-6 zrn popra in jagode pimenta
- 2 lovorjeva lista
- 1 korenček
- 15 suhih sliv
- 1 čajna žlička kumine
- 1 žlica prekajene paprike
- 3 žlice paradižnikove paste
- 1 c suhega rdečega vina
- 1 srednje velika glava zelja

NAVODILA:
a) Posušene gobe vsaj eno uro namočimo v vodi.
b) V večji posodi segrejemo olje in na njem prepražimo sesekljano čebulo. Očistite in narežite gobe, nato pa jih dodajte čebuli, ko začnejo po robovih porjaveti. Nadaljujte s praženjem s soljo, zdrobljenim poprom, poprom v zrnu, pimentom in lovorjem.
c) Korenje je treba olupiti in naribati. Vrzite v lonec.
d) Vmešajte suhe slive, narezane na četrtine, kumino, dimljeno papriko, paradižnikovo mezgo in vino.
e) Zelje naj bo na četrtine in narezano. Vse skupaj zmešamo v loncu.
f) Zelje pokrito kuhamo toliko časa, da nekoliko zmanjša prostornino. Kuhamo še 10 minut, oziroma dokler se zelje ne zmehča.

61.Ukrajinski cmoki

SESTAVINE:
- 6 do 7 srednje velikih krompirjev, olupljenih
- 1 ravna žlica soli
- 120 g krompirjevega škroba po potrebi

NAVODILA:
a) Krompir skuhamo do mehkega v slani vodi. Odcedite in pretlačite s pretlačilom krompirja do gladkega. Da naredite ravno plast krompirja na dnu pekača, ga pritisnite z rokami.
b) Krompirjevo plast z nožem razrežemo na štiri enake polovice. Odstranite eno komponento in jo enakomerno porazdelite med preostale tri. Uporabljena bo samo četrtina pekača.
c) Dodajte toliko krompirjeve moke, da napolnite prazno četrtino do enake ravni kot krompirjeva plast. Oblogo moke je treba zgladiti.
d) V velikem loncu zavremo vodo.
e) Z rokami oblikujte majhne kroglice v velikosti oreha. Rahlo sploščite in s palcem naredite luknjo v sredini.
f) V vrelo vodo dodamo nekaj cmokov in pazimo, da ne prenatrpamo ponve. Mešamo z leseno kuhalnico, da se ne primejo dna posode in kuhamo toliko časa, da priplavajo na vrh. Z žlico z režami odstranite piščanca in postrezite z omako ali smetano.

62. Sladki sendviči s skuto

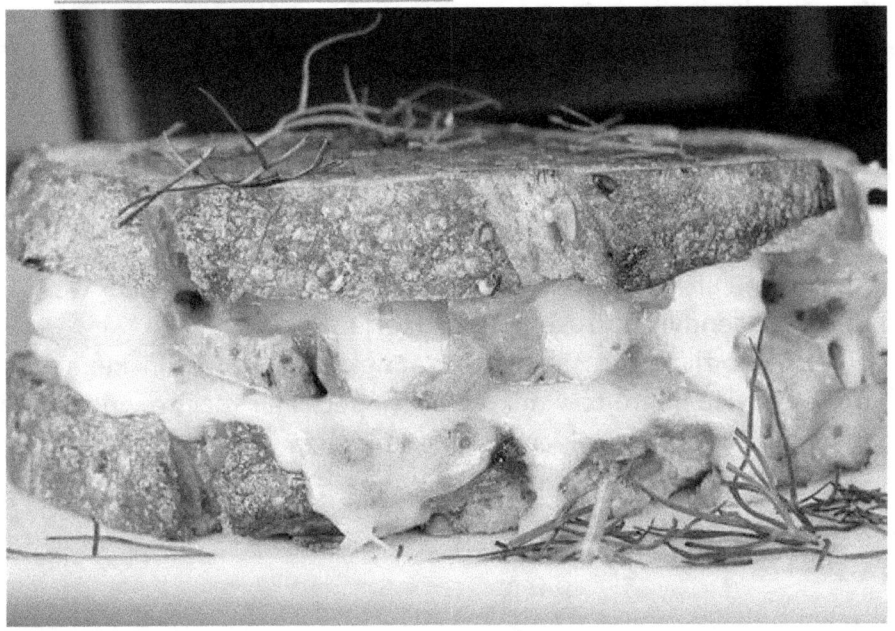

SESTAVINE:
- svež kruh ali žemljice
- 200 g porcija veganska skuta
- marmelada, brusnična omaka, javorjev sirup ali čokoladni liker
- Ščepec sladkorja
- nekaj žličk rastlinskega mleka

NAVODILA:
a) Rezine ali kepe skute položimo na svež kruh ali žemlje.
b) Vsak sendvič potresemo s sladkorjem .
c) S čajno žličko stresite sladkor in nekaj kapljic rastlinskega mleka.
d) Sendviče pogrejte v mikrovalovni pečici ali specite v pečici. Držite nekaj sekund, dokler sir in kruh nista topla, vendar ne vroča. Odstranite sendviče iz enačbe.
e) Na vsak sendvič položite količino marmelade.

63. R led z jabolki

SESTAVINE:
- 2 skodelici riža
- 4 skodelice rastlinskega mleka
- 1/2 čajne žličke soli
- 4 kisla jabolka
- 1/4 čajne žličke mletega muškatnega oreščka
- 2 žlici sladkorja
- 1/12 čajne žličke cimeta
- 1 čajna žlička vanilije
- 2 žlički + 2 žlički kokosovega masla

NAVODILA:
a) V srednji ponvi segrejte rastlinsko mleko s soljo. Dodamo opran riž in kuhamo na majhnem ognju do konca.
b) Nadaljujte z mešanjem riža. Postrgajte ga le, če se prilepi na dno. Nadaljujte z nežnim mešanjem, dokler riž ni gotov.
c) Pečico segrejte na 350 stopinj Fahrenheita (180 stopinj Celzija).
d) Jabolka naribajte v sekljalniku za zelenjavo, potem ko ste jih olupili in odstranili pedro. Kuhajte, dokler tekočina ne izpari, v suhi ponvi z muškatnim oreščkom.
e) Kuhanemu rižu dodamo sladkor, cimet in vanilijo. Vse skupaj temeljito premešamo.
f) Pekač 8 × 8 palcev (20 × 20 cm) namastite s kokosovim maslom. Na dno ponve naj gre polovica riža, sledijo pa vsa jabolka in preostali riž. Na vrh položimo tanke rezine kokosovega masla.
g) Kuhajte 20 minut. Postrezite toplo ali ohlajeno.

64. Rezanci in cmoki

SESTAVINE:
- 2 paketa suhega kvasa
- 4 žličke sladkorja
- 1 skodelica plus 2 žlici toplega rastlinskega mleka
- 1-funt večnamenske moke
- 1 čajna žlička soli
- 3 žlice kokosovega masla, stopljenega

NAVODILA:

a) V majhni skledi naredite gobico tako, da raztopite kvas in sladkor v rastlinskem mleku in vmešate 1/2 skodelice moke.

b) Zmešajte preostalo moko, sol in mešanico kvasa v velikem mešalniku. Mešajte približno 5 minut ročno ali strojno ali dokler ne nastane mehur in se odlepi od stene posode. Ohlajeno stopljeno kokosovo maslo temeljito vmešamo.

c) Pustimo vzhajati, dokler se ne podvoji. Prevrnemo na pomokano površino in zgnetemo dodatno moko, če je testo preveč lepljivo. S 3-palčnim rezalnikom ali kozarcem odrežite na 1-palčno debelino. Ostanke lahko ponovno zvijete in odrežete drugič. Pustite vzhajati do dvakratne velikosti.

d) Medtem dva velika lonca do 3/4 napolnite z vodo. Z vrvico zavežite krog vreče iz moke ali drugega materiala, ki ne pušča vlaken, in vodo zavrite. Naložimo toliko cmokov, kolikor jih gre v posodo.

e) Cmoke kuhajte na pari 15 minut s pokrovom na vrhu ponve. Cmoki se bodo sesedli, če med kuhanjem na pari dvignete pokrov.

f) Druga možnost je, da na vrh lonca postavite mrežo proti škropljenju, dodate toliko cmokov, kolikor se bo prileglo, ne da bi se jih dotaknili, nato pa pokrijete s toplotno odporno plastično skledo, ki je bila obrnjena.

g) Cmoke postavimo na rešetko, da se ohladijo. Zamrznite ali shranite cmoke v vrečki z zadrgo v hladilniku.

65.Rezanci in veganski siri e

SESTAVINE:
- 2 skodelici veganskih testenin
- 7 oz. / 200g veganske skute
- 4 žlice kokosove smetane
- 2 žlici kokosovega masla
- 2-4 žlice javorjevega sirupa
- Ščepec cimeta (neobvezno)

NAVODILA:
a) navodilom na embalaži za kuhanje rezancev.
b) Po odcejanju rezance prelijemo s kokosovim maslom.
c) Sestavite krožnike za špagete.
d) Na rezance dodajte sirne drobtine.
e) Po vrhu nanesemo plast kokosove smetane.
f) Po vrhu pokapajte javorjev sirup. Dodate lahko tudi ščepec cimeta.

66. Makaroni z jagodami

SESTAVINE:
- M akaroni po vaši izbiri
- 3 skodelice jagod, svežih ali zamrznjenih
- 1 skodelica navadnega rastlinskega jogurta, kokosove smetane ali grškega rastlinskega jogurta
- sladkor po okusu

NAVODILA:
a) navodilom na paketu za pripravo testenin po vaši izbiri.
b) Jagode operemo in odstranimo peclje. Sesekljajte nekaj jagod, ki jih položite na vrh jedi.
c) V mešalniku zmešajte preostale jagode, smetano ali rastlinski jogurt, sladkor in vanilijev ekstrakt.
d) Če želite bolj krhko omako, jagode pretlačite z vilicami ali jih zmešajte v serijah, zadnje jagode pa na kratko premešajte z mešalnikom.
e) Kuhane makarone prelijemo z jagodno omako. Okusna je topla ali hladna.

67. Rezanci z gobami

SESTAVINE:
- 1 srednje velika glava zelja
- 2 skodelici gob
- 1 čebula
- 1 korenček
- Česen , 1-2 stroka
- 2 kančka balzamičnega kisa ali drugega kisa
- Začimbe , kot so majaron, koper, kumina, sol in poper po vašem okusu
- 1 palčka kokosovega masla
- Veganski rezanci

NAVODILA:
a) V veliki ponvi stopite kokosovo maslo in prepražite čebulo in gobe.
b) Vanj stresite korenje in česen. Ko česen porjavi in čebula postane prozorna, dodajte zelje.
c) Prilijemo nekaj vode in kuhamo še toliko časa, da se zelje zmehča. Čas kuhanja zelja je odvisen od njegove starosti in načina rezanja.
d) Dodajte preostanek kokosovega masla, kanček ali dva kisa, začimbe in okusite, ko se voda zmanjša. Začinimo s soljo in poprom po okusu.
e) Postrezite s prilogo iz rezancev.

68.Veganski sir z redkvicami

SESTAVINE:
- 3 skodelice veganskega sira
- ½ skodelice kokosove smetane (polnomastne)
- 1 šopek redkvic
- 1 šopek drobnjaka
- sol, poper, začimbe po okusu

NAVODILA:
a) Pripravite redkvice in drobnjak. Redkvice je treba oprati in narezati na poljubno obliko ali velikost, ki jo izberete.
b) Vrh vašega veganskega sira okrasite z nekaj redkvicami. Na enak način nadaljujemo z drobnjakom. Odstrani iz enačbe.
c) Dodajte kokosovo smetano, dokler ne dobite želene konsistence.
d) Pečico segrejte na 350°F in sir začinite s soljo in poprom. Lahko pustite pri tem ali po želji dodate nekaj dodatnih začimb.
e) Nazadnje v veliki posodi za mešanje zmešajte narezane redkvice in drobnjak. Okrasite z redkvicami in drobnjakom v zadnji skledi za serviranje.

69. Pašta z makom

SESTAVINE:
- 300 g moke
- ščepec soli
- 1 skodelica makovih semen
- 3 žlice javorjevega sirupa
- 2 žlici rozin
- 2 žlici cvetnih listov mandljev
- 1 žlica sesekljanih orehov
- 1 žlica pomarančne lupine

NAVODILA:
F ALI MAKOVO MASO
a) Mak splaknemo pod tekočo vodo. Po tem ga prelijemo z vrelo vodo. Previdno odcedite.
b) Mak zmeljemo v fin prah.
c) V lonec vlijemo tri žlice javorjevega sirupa in začnemo segrevati. Namesto tekočega javorjevega sirupa lahko uporabite trdni javorjev sirup. Zaradi višje temperature bi se moral stopiti.
d) Vanj stresite cel mak skupaj z rozinami, oreščki, pomarančno lupinico in mandljevimi lističi.
e) Med stalnim mešanjem kuhamo približno 5 minut, dokler makova masa ne postane topla in homogena.
f) Mak odstavimo s kuhalnika in ugasnemo ogenj.

TESTENINE
g) Iz 300 g moke naredimo kupček. Začinimo s ščepcem soli.
h) Naredite testo. Gnetemo ga približno 15 minut oziroma dokler ni gladko in enotne barve.
i) Iz testa oblikujemo kroglico in jo položimo v skledo. Pokrijemo s čisto krpo in vrnemo v pečico še za 20-30 minut.
j) Mizo ali desko za pecivo potresemo z moko. Po 20-30 minutah testo razvaljamo v približno 2 mm debelo kepo.
k) Grozd narežemo na majhne kvadratke s stranico dolžine 2-3 cm.
l) Kvadratke zavrite v slani vodi. Nadaljujte, kot da bi kuhali kupljene testenine.

70.Ukrajinske ribe

SESTAVINE:
ZA VEGANSKE FILEJE
- 300 g trdega tofuja
- 1 ½ limone z lupino in celim sokom
- 1 žlica slanice kaper
- 1 žlica belega vinskega kisa
- 1 list sushi nori
- 70 g navadne moke

ZA PRELIV
- 1 rjava čebula na tanko narezana
- 1 narezan por
- 1 majhen nariban pastinak
- 3 naribane korenčke
- 3 jagode pimenta
- 2 posušena lovorova lista
- 1 čajna žlička sladke paprike
- 1 žlica paradižnikove mezge
- 1 čajna žlička polnozrnate gorčice po želji

NAVODILA:
ZA VEGANSKE FILEJE
a) Blok tofuja razrežite na 6 enako velikih kosov.
b) V široki skledi ali globokem pladnju zmešajte limonin sok in lupinico, slanico kaper in beli vinski kis ter prelijte čez rezine tofuja. Pustite vsaj eno uro časa za mariniranje.
c) Ko končate z mariniranjem, okoli vsakega kosa ovijte trak norija. Tofu, zavit v nori, zmočite tako, da ga potopite v ostanke marinade, nato pa ga pogrezite v navadni moki.
d) V lepi neoprijemljivi ponvi segrejte olivno olje na srednje močnem ognju. Ko je ponev vroča, dodajte koščke tofuja, pazite, da se ne dotikajo. Pecite 3 minute na prvi strani ali dokler ne postanejo zlate in hrustljave. Kuhajte 3 minute na nasprotni strani, potem ko ste tofu obrnili.

ZA PRELIV

e) V veliki ponvi na zmernem ognju segrejte malo olja ali zelenjavne juhe, nato dodajte čebulo. Kuhajte približno 3 minute oziroma dokler se ne začne mehčati.
f) V posodi za mešanje zmešajte por, korenje in pastinak. Ogenj zmanjšamo na nizko in med občasnim mešanjem dušimo približno 4 minute oziroma dokler se zelenjava ne zmehča.
g) Če uporabljate, vmešajte jagode pimenta, lovorjev list, sladko papriko, paradižnikovo mezgo in polnozrnato gorčico. Dobro premešamo in med občasnim mešanjem kuhamo na nizki temperaturi še 15 minut.
h) Po 15 minutah odstranite jagode pimenta in lovorjev list.
i) Veganske fileje položite na krožnik in jih prelijte z izdatno porcijo korenčkove mešanice. Uživajte!

71. Zeljni zvitki

SESTAVINE:
- 1 glava belega zelja
- 120 g ajdovih zdrobov
- 3 žlice kokosovega masla
- 2 žlici olivnega olja
- 1 čebula, sesekljana
- 1 strok česna, sesekljan
- 300 g narezanih gob
- 1 žlica posušenega majarona
- 2 zelenjavni jušni kocki
- sojina omaka po okusu
- sol in poper po okusu

NAVODILA:
a) Zavremo v velikem kotličku vode. Zelju, preden ga damo v lonec, odstranimo sredico. Ko se zunanji listi zmehčajo, jih odstranite. Debelejši del zeljnih reber je treba obrezati. Odstrani iz enačbe.
b) Medtem pripravimo ajdov zdrob po navodilih na embalaži. Odcedite in pustite na strani 1 žlico kokosovega masla.
c) V ponvi segrejemo olje in na njem prepražimo čebulo in česen.
d) V isti ponvi stopite 1 žlico kokosovega masla in prepražite gobe. Vanj stresemo prepraženo ajdo in čebulo. Majaron, sojina omaka, sol in poper po okusu. Temeljito premešajte.
e) Na dno enolončnice položite drobne ali nalomljene ohrovtove liste. Na sredino vsakega lista dodajte približno 2 žlički nadeva.
f) Čezenj zelja zavihajte čez nadev, nato pa nanj zavihajte stranice zelja. Iz zelja naredite paket tako, da ga zvijete in konce prekrivate, da se zapre. Vsako položite v pripravljeno posodo s šivi navzdol.
g) V 500 ml merilni skodelici raztopimo jušne kocke in prelijemo zeljne žemlje. Dodamo še zadnjo kokosovo maslo. Pokrijemo s preostalimi zeljnimi listi.
h) Na majhnem ognju dušimo 30 do 40 minut.

72. Pierogi iz krompirja in veganskega sira

SESTAVINE:
PIEROGI TESTO - 1 SERIJA
- 3 skodelice moke, z dodatno moko za posipavanje delovne površine
- 1 skodelica vroče vode
- 1 žlica kokosovega masla ali olja

NADEV IZ KROMPIRJA IN SIRA
- 2 lbs. krompir (približno 4 skodelice pireja)
- 2 skodelici veganskega sira
- 2 čebuli
- sol in poper po okusu
- kokosovo smetano, na vrh

NAVODILA:
NADEV IZ KROMPIRJA IN SIRA
a) Krompir olupimo in skuhamo. Krompir narahlo pretlačimo s stiskalnikom za krompir ali mešalnikom za krompir. Ni treba uporabiti mešalnika. Ni nujno, da je krompir popolnoma gladek. Pustite, da se krompir ohladi.
b) Čebulo nasekljamo in ju prepražimo na kokosovem maslu ali olju. Polovica popražene čebule naj gre h krompirju, druga polovica pa na piroge.
c) Zaključite z veganskim sirom.
d) Nadev solimo in popramo po okusu; po mojem mnenju nikoli ne moreš imeti preveč soli in popra. Okusite svoj nadev in po potrebi dodajte več. Medtem ko delate testo, lahko nadev ohladite. Nadev včasih pripravim že en dan prej, ker je s hladnim nadevom enostavneje.

PIROGI TESTO
e) Moka mora biti prezračena. Presejte moko, jo stepite v ponvi ali jo 20 sekund premešajte v kuhinjskem robotu.
f) Zavremo vodo na enak način, kot bi kuhali skodelico čaja. V skodelico vrele vode dodajte žlico kokosovega masla ali olja.
g) Vročo vodo počasi vlivamo v moko in mešamo, najprej z leseno žlico, nato pa z rokami, če je voda prevroča. Med mešanjem v kuhinjskem robotu po malem dodajamo vrelo vodo.

h) Nadaljujte z dodajanjem vroče vode, dokler ne dobite mehkega, prožnega testa. Dodajte še malo moke, če je testo preveč lepljivo. Dodajte še malo vode, če je testo presuho. Odtrgalo se bo od robov kuhinjskega robota in oblikovalo kroglico.
i) Testo razvaljajte na pomokani površini s pomočjo pomokanega valjarja. Testo za pierogi razvaljajte na debelino, s katero želite delati. Profesionalni izdelovalci pirogov testo razvaljajo zelo tanko, a ker je moja družina testo, ga lahko razvaljam nekoliko debelejše.
j) Testo razvaljajte v kroge, napolnite s krompirjevim in sirovim nadevom z žlico ali predhodno razvaljanimi kroglicami, prepognite in stisnite. Če ne boste čakali predolgo, bo testo še vedno mehko, za tesnjenje pierogov pa boste potrebovali le nekaj ščepcev vode.
k) Delovno površino pomokajte in pokrijte s kuhinjsko krpo, dokler ne zavre.
l) V majhni kozici počasi zavrite ali dušite manjšo količino pirogov. Ne pozabite začiniti vode s soljo. Pazite na pieroge in jih kuhajte 3 do 5 minut, ko začnejo plavati. Z režicasto žlico jih poberemo iz vode in zložimo na krožnik ali pladenj, da se ohladijo.
m) Jed pripravite z oljem ali kokosovim maslom, pieroge pa obvezno namažite s kokosovim maslom. Ko so vroče, pazite, da jih ne prekrivate, saj se bodo sprijele.
n) Pred serviranjem pieroge prelijte s popraženo čebulo in kančkom kokosove smetane.

73. Pečen pivski tofu

SESTAVINE:
- 250 g naravnega tofuja
- 2 žlici paradižnikove paste
- 100 ml piva
- 1 velika žlica sojine omake
- pol žlice javorjev sirup
- pol žličke prekajene ali sladke paprike
- četrt žličke kumine v prahu
- četrt žličke čilija v prahu ali kajenskega popra
- ščepec cimeta
- sol po okusu

NAVODILA:
a) Tofu oplaknite in ga čim bolj osušite s kuhinjskim papirjem. Narežemo ga na 1,5 cm debele rezine in zavijemo še v kuhinjski papir.
b) Na vrh položimo utež, da izločimo čim več tekočine, medtem pa pripravimo omako.
c) V posodi za mešanje zmešajte pivo, agavin sirup, javorjev sirup ali sladki rižev sirup.
d) V skledi za mešanje zmešajte paradižnikovo pasto, sojino omako, kumino v prahu in dimljeno ali sladko papriko. Dodajte tudi kanček cimeta in ščepec čilija v prahu ali kajenskega popra.
e) Tofu marinirajte čim dlje, preden ga spečete na žaru.

74.Pierogi iz sladkega krompirja

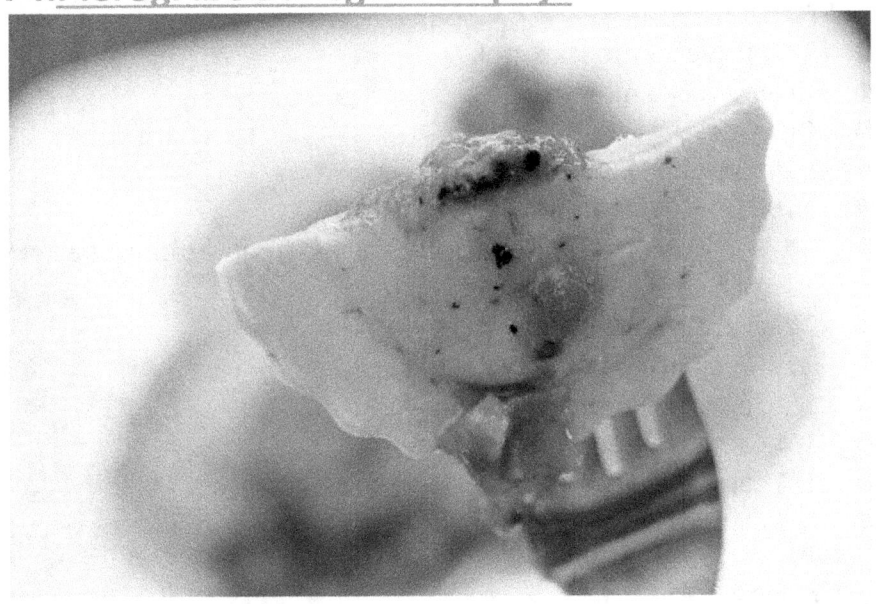

SESTAVINE:
TESTO
- 3 C ups večnamenske moke
- 1 čajna žlička morske soli
- 1 C vode
- 1 žlica rastlinskega olja

POLNJENJE
- 3 1/2 C sladkega krompirja, olupljenega in narezanega na kocke
- 2 stroka česna, nasekljana
- 2 žlici prehranskega kvasa
- 2 žlici veganskega kokosovega masla
- 1/2 čajne žličke svežega kopra
- 1/4 čajne žličke posušenega žajblja
- 1/4 čajne žličke morske soli
- 1/4 čajne žličke mletega črnega popra

NAVODILA:
a) Zavremo ponev s slano vodo, nato kuhamo kocke sladkega krompirja 10 minut ali dokler niso kuhane in mehke.

b) Naredite testo tako, da zmešate večnamensko moko in morsko sol, medtem ko se sladki krompir kuha. Nato dodajte vodo in olje, dokler se ravno ne zmešata.

c) Testo gnetite na rahlo pomokani površini, dokler se ne združi in postane malo lepljivo, vendar ne dovolj lepljivo, da bi se prijelo vaših rok. Testeno kepo rahlo pomokajte.

d) Testo razdelite na pol in vsako manjšo kroglico zavijte v plastično folijo. Medtem ko delate nadev, ohladite testo.

e) Sladki krompir odcedimo in pretlačimo z ostalimi sestavinami za nadev,

f) Hladite, dokler pierogi niso pripravljeni za polnjenje.

g) Če boste pierogije kuhali takoj, začnite vreti v velikem loncu slane vode, medtem ko jih zvijate, režete in polnite.

h) Na rahlo pomokani površini razvaljajte eno kroglico testa, dokler ni debela 1/16 palca. Izrežite kroge testa s 3 12 do 4-palčnim okroglim modelčkom za piškote.

i) Med valjanjem testa in izrezovanjem krogov vsakega položite na rahlo potresen pekač ali ponev in pokrijte s kuhinjsko krpo. Ponovite s preostalo kroglico testa.
j) Na eno stran vsakega kroga testa namažemo 12 do 34 žlic nadeva iz sladkega krompirja. V bližini imejte majhno posodo z vodo.
k) Rob polovice kroga s prstom namažite z malo vode, drugo stran testa prepognite čez nadev, nežno pritisnite in obe strani rahlo stisnite skupaj, da se pierogi zaprejo.
l) Brez prekrivanja vrnite vsak pierogi na pomokane pekače ali pladnje.
m) Piroge kuhajte v majhnih serijah, dokler ne priplavajo na vrh, približno 1 do 2 minuti. Z rešetkasto žlico jih poberemo iz vode in položimo na pekač ali pekač.
n) Tik pred serviranjem kuhajte pierogije v serijah v ponvi z veganskim kokosovim maslom na srednjem ognju do zlato rjave barve, približno 2 do 3 minute na stran.
o) Postrezite z vegansko kokosovo smetano ali pikantno kokosovo kremo iz indijskih oreščkov, karamelizirano čebulo in/ali ocvrtimi gobami!

75. Veganske testenine s špinačnimi kroglicami

SESTAVINE:
- 2 žlici mletega lanu
- 2 žlici limoninega soka
- 450 g / 16 oz. sveža špinača
- 3 žlice prehranskega kvasa
- 2 stroka česna, drobno naribana
- zvrhane ½ žličke soli, več po okusu
- ¼ čajne žličke popra, po okusu
- izdatno količino naribanega muškatnega oreščka, prilagodite okusu
- 2 skodelici grobih drobtin
- olje za peko ali cvrtje

NAVODILA:
a) V majhni skledi zmešajte mleta lanena/chia semena, 2 žlici limoninega soka in 60 ml / 14 žlic vode. Pustite čas, da se omaka zgosti.
b) Špinačo blanširajte 1-2 minuti v vreli vodi, precedite in takoj potopite v skledo z ledeno vodo ali sperite pod hladno vodo, da ohrani barvo.
c) Z rokami iz špinače iztisnemo čim več vode. Suho špinačo drobno sesekljamo.
d) V posodi za mešanje zmešajte vse sestavine razen drobtin (in olja). Postopoma dodajajte drobtine in pazite, da mešanica ni presuha ali premokra. Če je mešanica premokra, morda ne boste potrebovali vseh drobtin ali pa jih boste potrebovali malo več. Pojdi s svojim črevesjem.
e) Iz zmesi z rokami oblikujemo kroglice v velikosti oreha. Hladimo vsaj 2 uri.
f) Če želite špinačne kroglice ocvreti, jih potresite še z drobtinami.
g) Pečete jih lahko približno 20 minut pri 180° C / 355° F na naoljenem pekaču, jih na polovici obrnete, ali pa jih ocvrete na dobri količini olja, da porjavijo z vseh strani.

76. Krompir in Korenčkove piroge

SESTAVINE:
TESTO:
- Univerzalna moka - 500 g
- Topla voda - 230 ml
- Sol - 1,5 čajne žličke
- Olivno olje - 2 žlici

POLNJENJE:
- Krompir - 600 g
- 1 skodelica veganskega sira e
- Sol - 1,5 čajne žličke
- Čebula - 1 velika, drobno sesekljana
- Mleta paprika - 1 čajna žlička
- Nariban muškatni oreščke - 2 ščepca (neobvezno)

FRY:
- kokosovo maslo - 1 žlica

OKRAS:
- Sesekljan drobnjak in karamelizirana čebula.

NAVODILA:
POLNJENJE:

a) V ponvi segrejte olivno olje in na njem rahlo prepražite sesekljano čebulo do zlato rjave barve.

b) Krompir postavite v srednji lonec z dovolj vode, da ga pokrije. [Uporabite lahko lonec na pritisk ali instant kuhalnik.] V loncu na močnem ognju zavrite vodo. Kuhajte približno 15 minut oziroma dokler se krompir ne zmehča. Pazite, da ga ne prekuhate.

c) Krompir vrnite v ponev, potem ko ga odcedite v cedilu. S tlačilko za krompir pretlačimo krompir in dodamo rastlinsko mleko, poper, sir, muškatni oreščke in karamelizirano čebulo. Obstaja tudi sol.

TESTO:

d) V posodi za mešanje zmešajte moko, olivno olje in sol. Temeljito premešajte in postopoma dodajte vodo. Testo pregnetite z rokami, ko je približno vmešano. Če se ne morete združiti, dodajte dodatno vodo. Če menite, da ste dodali preveč vode, dodajte dodatno moko.

e) Testo gnetemo 5-10 minut in ga odstavimo. Testo mora po gnetenju postati bolj gladko in elastično. Ampak ne na lepljiv način!

f) Pokrijte in pustite stati 30 minut, da se sprosti.

g) Ko je testo počivalo, površino za valjanje potresemo z moko, zajamemo kos testa in ga razvaljamo na 1-2 mm tanko ploskev. Čim tanjšo lahko naredite, tem bolj okusni bodo cmoki.

h) Z narobe obrnjenim kozarcem v testo izrežemo kroge.

i) Na sredino vsakega kroga položimo zvrhano žličko nadeva, prepognemo na pol in s prsti stisnemo vogale polkrogov skupaj.

j) V velikem loncu z vodo zavrite piroge .

k) Pierogije kuhajte 3-4 minute ali dokler ne splavajo, pri tem pa jih odstranite z žlico z režami.

l) Nadaljujte s kuhanjem nove serije, dokler niso vse pripravljene.

77. Kuhani cmoki

SESTAVINE:
- 1 ½ skodelice presejane večnamenske moke
- ½ čajne žličke soli
- ¼ čajne žličke pecilnega praška
- ½ skodelice margarine
- Približno ¼ skodelice vode

NAVODILA:
a) Pečico segrejte na 400 stopinj Fahrenheita. Suhe sestavine zmešajte v cedilniku.
b) Margarino narežite z rezalnikom za pecivo in uporabite ravno toliko vode, da zmes drži skupaj.
c) Testo razvaljamo kot skorjo za pito na pomokani deski. Kvadrate razrežite na 3-palčne kvadrate.
d) Na sredino vsakega kvadrata položite približno 1 čajno žličko nadeva. Kvadrate prepognite na pol, da popolnoma pokrijete nadev. Z vilicami stisnite robove skupaj.
e) Pecite 20 minut ali do zlato rjave barve na neoprijemljivem pekaču za piškote.

78.Borovničev pierogi

SESTAVINE:
ZA TESTO
- 2 skodelici (500 g) večnamenske moke
- 1 skodelica vročega rastlinskega mleka
- 1 čajna žlička soli

ZA BOROVNIČEV NADEV
- 2 skodelici borovnic/borovnic
- 1 žlica večnamenske moke

PRELIV
- sladkana smetana, 12% ali 18%
- ščepec glazure/sladkor v prahu, za posip

NAVODILA:
ZA TESTO
a) Presejte moko in v sredino kupole moke naredite luknjo. V zmes vlijemo malo vročega rastlinskega mleka in premešamo. Hitro pregnetemo in po potrebi dodajamo rastlinsko mleko, da dobimo mehko, elastično testo.

b) Testo razdelite na več kosov. Na pomokanem pultu razvaljamo prvi del testa.

c) Testo razvaljamo z valjarjem v tanko plast. Za rezanje testa uporabite kozarec ali krožni rezalnik.

ZA BOROVNIČEV NADEV
d) Sveže borovnice sperite pod hladno tekočo vodo.

e) Zamrznjeno jagodičevje vzemite iz zamrzovalnika tik preden pripravite piroge (cmoke je lažje sestaviti z zamrznjenim sadjem)

f) Posušimo na papirnatih brisačah, razporedimo po pladnju in potresemo z 1 žlico moke.

g) Na sredino vsakega testenega kroga položimo eno žličko borovnic. Testo prepognemo čez nadev in robove zavihamo skupaj. Nadaljujte, dokler ne zmanjka testa in borovnic.

KONČANJE
h) V loncu zavremo osoljeno vodo. Zmanjšajte toploto na nizko raven in jo držite tam.

i) Dodamo cmoke in kuhamo 5–6 minut oziroma dokler ne splavajo.

j) Medtem pripravimo sladko smetano. V mešalnik damo malo smetane, dodamo malo sladkorja v prahu in vse skupaj premešamo. Ugriznite in preverite, ali je dovolj sladko. Če ni dovolj sladko, dodajte še sladkor in poskusite znova.

k) Z žlico z režami odstranite piroge iz ponve. Postrezite na krožnike s kančkom sladkane smetane na vrhu.

79. Kolače marelice

SESTAVINE:
ZA POLNILO
- 100 g (4 oz.) suhih marelic
- 350 ml vode
- 2 žlici sladkorja v prahu

ZA TESTO
- 225 g (8 oz.) kokosovega masla , zmehčanega
- 1 (200 g) kad veganski sir, zmehčan
- 150 g (5 oz.) sladkorja v prahu
- 250 g (9 oz.) navadne moke

NAVODILA:
a) Za pripravo nadeva v težki ponvi zmešajte marelice in vodo ter pokrito kuhajte na srednjem ognju 10 minut ali dokler se marelice ne zmehčajo.

b) Marelice pretlačimo, dodamo 2 žlici sladkorja in odstavimo, da se ohladijo. Odstrani iz enačbe.

c) Če želite narediti testo, zmešajte kokosovo maslo in veganski sir, dokler ni rahlo in puhasto, nato dodajte 150 g sladkorja in temeljito premešajte.

d) Temeljito vmešajte moko. Testo oblikujte v kepo in ohladite eno uro.

e) Na dobro pomokano površino zvrnemo polovico testa in z njim delamo. Po valjanju na debelino 0,25 cm razrežite na 5 cm velike kvadrate.

f) Na sredino kvadrata položite 1/2 čajne žličke mareličnega nadeva. Štiri vogale potisnite na sredino in jih stisnite skupaj, da se zaprejo.

g) Pečemo približno 15 minut pri 200°C/plinska oznaka 6.

SLADICE

80. ukrajinski chrustyky

SESTAVINE:
- 4 skodelice presejane moke
- 6 jajca
- 1 skodelica kisle smetane
- 2 žlici sladkorja
- ¼ čajne žličke soli
- 1 čajna žlička vanilije
- 2 žlici masla
- ½ čajne žličke arome mandljev
- Rumenjaki -- dobro stepeni

NAVODILA:
a) Rumenjake stepamo do svetlega. Dodamo k suhim sestavinam skupaj s kislo smetano, vanilijo, maslom in aromo mandljev. Dobro pregnetemo.
b) Razvaljajte na ⅛ palca debeline. S kolescem za pecivo narežite na trakove 1 x 3 cm.
c) Na sredini vsakega traku po dolžini naredite zarezo in en konec potegnite skozi.
d) Cvremo v vroči globoki maščobi približno 2 minuti oziroma dokler rahlo ne porjavijo. Odcedimo na težkem papirju.
e) Ko se ohladi, potresemo s slaščičarskim sladkorjem.

81. Ukrajinski Cheesecake

SESTAVINE:
- Krhko pecivo
- 2 skodelici skute
- ½ skodelice sladkorja; granuliran
- 2 čajni žlički koruznega škroba
- ½ skodelice orehov; sesekljan,
- 3 jajca; Velik, Ločen
- ½ skodelice kisle smetane
- 1 čajna žlička limonine lupine; Nariban

NAVODILA:
a) Pečico segrejte na 325 stopinj F.
b) Skuto pretlačimo skozi cedilo in odcedimo.
c) V veliki posodi za mešanje stepite rumenjake, da postanejo svetli in penasti, nato jim počasi dodajajte sladkor in nadaljujte s stepanjem, dokler niso zelo rahli in gladki.
d) Jajčni zmesi dodajte skuto, dobro premešajte, nato dodajte kislo smetano, koruzni škrob, limonino lupinico in orehe (po želji). Mešajte, dokler niso vse sestavine dobro premešane in zmes gladka.
e) V drugi veliki posodi za mešanje stepite beljake, dokler ne nastanejo mehki snegovi, nato pa jih nežno vmešajte v testo. Zmes vlijemo v pripravljeno skorjo in pečemo približno 1 uro.
f) Pred serviranjem ohladite na sobno temperaturo.

82.Bajaderki

SESTAVINE:
PECIVO
- ½ kg že pripravljene torte ali biskvita (mafini, brownie itd.)
- 1 skodelica naribanega kokosa
- 1 skodelica rozin
- ½ skodelice drobno sesekljanih oreščkov katere koli vrste
- 1 skodelica zdrobljenih hrustljavih piškotov
- Alkohol poljubne vrste (za različico za odrasle), količina je odvisna od prostornine
- 2–3 žlice marmelade iz črnega ribeza
- Sok in lupina 1 limone

ZALEDENJ
- 100 gramov temne čokolade
- 1 čajna žlička kokosovega olja

NAVODILA:
TESTO
a) Da nastane homogena zmes, piškote previdno zdrobimo z rokami. Da dobite glineno gosto mešanico, primerljivo s kombinacijo tartufov, zmešajte mandlje, kokos, limonin sok in lupinico, rozine, vino in marmelado.
b) Postavimo za 1 uro v hladilnik.
c) Nato testo razvaljamo v kroglice velikosti večjega oreha ali več. Položimo jih na pekač.

ZALEDENJ
d) V vodni kopeli stopimo čokolado in kokosovo olje.
e) Kroglice eno za drugo vstavite v glazuro. Z vilicami jih obrnemo in položimo na peki papir.
f) Kroglice postavite v hladilnik za 2 uri ali dokler se glazura ne strdi.

83. Mazurek s čokoladno kremo

SESTAVINE:
TESTO
- 2 skodelici navadne pirine moke ali navadne pšenične moke
- 100 g tekočega kokosovega olja
- 1 zvrhana žlica škroba
- 2 žlici nerafiniranega sladkorja v prahu
- 10–12 žlic hladne vode

KREMA
- 15 listov mete
- 1½ skodelice kuhanega belega fižola
- 100 gramov temne čokolade (70% kakavovih delcev)
- sok in lupina 1 pomaranče
- 1 čajna žlička cimeta
- 2–3 žličke datljevega sirupa ali drugega sirupa

NAVODILA:
TESTO
a) V skledi za mešanje zmešajte moko, škrob in sladkor v prahu. Povsem vmešajte kokosovo olje. Počasi prilivamo vodo. Temeljito pregnetite.
b) Testo mora biti mehko in elastično, podobno kot za pierogis. Na peki papirju ga razvaljamo na 4–5 mm debelo. Iz papirja naredite pravokotnik ali drugo obliko. Z vilicami vse prebodemo.
c) Pečico segrejte na 190°C/375°F in pecite 20 minut. Pustite čas, da se ohladi.

KREMA
d) Zmešajte fižol, meto in sirup v mešalniku do gladkega.
e) Sok in lupinico zavremo. Čokolado mešamo toliko časa, da se stopi. Previdno vmešajte zmešan fižol in cimet.
f) Listnato testo premažemo s smetano in po vrhu z okrasi. Hladimo, dokler se krema ne zgosti.

84.Bučna kvasna torta Bundt

SESTAVINE:
- 1 skodelica bučnega moussa
- 2½ skodelice navadne pirine moke ali moke za pšenične pogače
- ½ skodelice katerega koli rastlinskega rastlinskega mleka
- 7 gramov suhega kvasa
- ½ skodelice trsnega sladkorja ali katerega koli drugega nerafiniranega sladkorja
- sok in lupina 1 limone
- 1 žlica tekočega kokosovega olja
- 1 skodelica posušene brusnice

NAVODILA:
a) V posodi za mešanje zmešajte moko, kvas, sladkor in brusnice.
b) V manjši kozici počasi segrejemo bučno peno, rastlinsko mleko, limonin sok in lupinico ter kokosovo olje. Mokre sestavine vgnetemo v testo. To bi moralo trajati približno 8 minut.
c) Tortni model Bundt potresemo s tanko plastjo moke in namastimo. Testo položimo v pekač, ga pokrijemo in pustimo vzhajati 1 uro na toplem.
d) Pečico segrejte na 180 °C/350 °F in pecite 35 minut (dokler leseno nabodalo ne pride ven čisto).

85.Kremne rolice

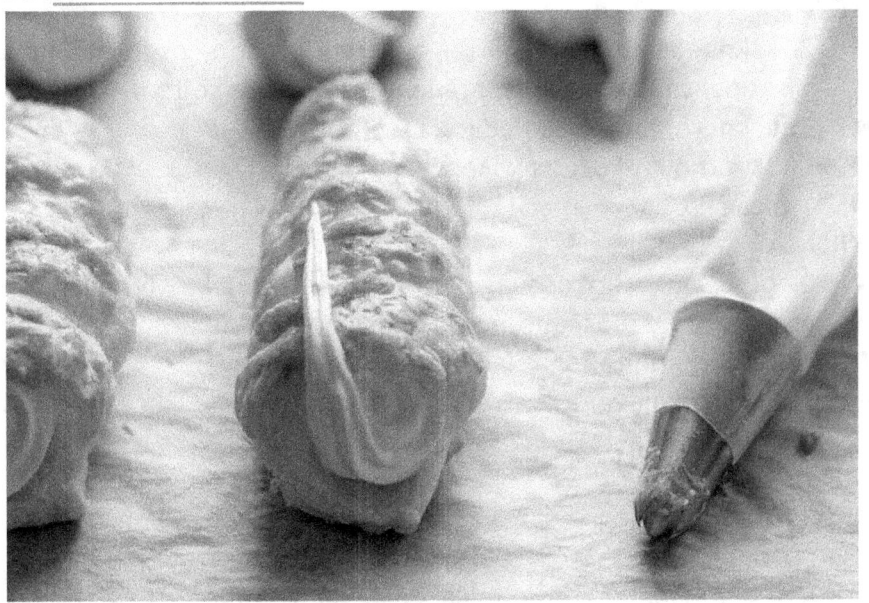

SESTAVINE:
TESTO
- 2 ½ skodelice navadne pirine moke ali navadne pšenične moke
- ¾ skodelice veganske smetane (npr. domače sojine)
- 2 žlici nerafiniranega sladkorja v prahu
- 100 gramov tekočega kokosovega olja
- 1 žlica škroba

KREMA
- 2 pločevinki kokosovega rastlinskega mleka (vsaka po 400 gramov, 17% maščobe, 75% kokosa, v hladilniku 1-2 dni)
- 1 žlica nerafiniranega sladkorja v prahu
- 2 žlički vanilijevega ekstrakta
- 1 limonina lupina

NAVODILA:
TESTO
a) Vse sestavine gnetemo toliko časa, da postane testo gladko.
b) Testo razvaljamo na 2–3 mm debelo. Narežemo na 1 cm široke trakove. Pred serviranjem hladite 10 minut.
c) Zvitke položimo na pekač, obložen s peki papirjem. Pečico segrejte na 200°C/400°F in pecite 15 minut. Pustite jih, da se nekoliko ohladijo, preden jih odstranite iz kornetov. Ponavljajte, dokler ne porabite vsega testa.

KREMA
a) Iz pločevink odstranite bel trdni del kokosovega mleka. S sladkorjem v prahu dobro premešamo.
b) Previdno vmešajte vanilijev ekstrakt in limonino lupinico.
c) Kremo damo v cevno vrečko in v prazne svaljke nalijemo nadev. Lahko jih okrasite s sadjem ali s sladkorjem v prahu.

86.napolitanke

SESTAVINE:
- 5 velikih pravokotnih oblatov
- ½ kg marmelade iz črnega ribeza
- 3 skodelice kuhane čičerike (več ali manj 1 skodelica suhe)
- 1 pločevinka rastlinskega kokosovega mleka
- 1 čajna žlička vanilijevega ekstrakta
- 2 žlici trsnega sladkorja
- 2 žlici kakava
- 200 gramov temne čokolade (70% kakavovih delcev)

NAVODILA:

a) Odprite pločevinko kokosovega rastlinskega mleka in odstranite bel trdni del. V ponvi zavrite. Odstavite z ognja in vmešajte čokolado, kakav, vanilijev ekstrakt in sladkor.
b) Mešajte, dokler se vse sestavine ne stopijo. Čičeriko popolnoma zmiksajte.
c) List oblata položite na kos lesa. Prekrijemo ga s polovico kreme in drugim oblatom.
d) Nanjo namažemo polovico marmelade. Ponovite s preostalo kremo, marmelado in oblati. Nežno pritisnite gumb.
e) Postavimo za 4–5 ur v hladilnik.

87. Praznična jabolčna pita

SESTAVINE:
- 3 skodelice navadne pirine moke ali navadne pšenične moke
- 2 ravni žlici škroba
- 2 ploski žlici nerafiniranega sladkorja v prahu
- 50 gramov tekočega kokosovega olja
- 15 žlic hladne vode
- 2 kg jabolk za kuhanje
- 1 čajna žlička cimeta
- 1 čajna žlička mletega kardamoma
- 1 skodelica rozin
- 1 skodelica orehov
- 1 skodelica drobtin

NAVODILA:
a) Previdno zmešajte moko, škrob, sladkor v prahu in kokosovo olje. Dodajte eno žlico vode naenkrat in po vsakem dodatku premešajte ali gnetite testo. Gnetite testo, dokler ni elastično in gladko, potem ko so bile vse sestavine zmešane.
b) Testo razdelite na dve enaki polovici. Enega od njih razvaljamo na peki papirju velikosti 20 x 30 cm. Testo večkrat prebodemo z vilicami, položimo na pekač in ohladimo 30 minut. Preostali del testa postavite v zamrzovalnik za 45 minut.
c) Pekač vzamemo iz hladilnika in pečemo 15 minut pri 190°C. Dovolite si sprostitev. Medtem pripravite jabolka.
d) Jabolka olupimo in odstranimo pečke. S strgalnikom ali rezalnikom za mandoline naribamo sir. V posodi za mešanje zmešajte cimet, rozine in na debelo sesekljane orehe. Če so jabolka preveč kisla, lahko dodate med.
e) Po napol pečeni podlagi enakomerno raztresemo drobtine. Jabolka nato razporedimo po listnatem testu.
f) Na jabolka položimo zamrznjeno testo in ga naribamo. Pečico segrejte na 180°C/350°F in pecite 1 uro.

88. Krompirjevi medenjaki

SESTAVINE:
- ½ kilograma olupljenega krompirja
- 5 žlic tekočega kokosovega olja
- ½ skodelice datljevega sirupa ali drugega sirupa
- 2 žlički sode bikarbone
- 2½ skodelice navadne pirine moke ali navadne pšenične moke
- ½ skodelice škroba
- 4 žlice začimbe za medenjake
- 1 žlica kakava

NAVODILA:

a) Krompir skuhamo toliko časa, da se zmehča, nato ga ohladimo in spečemo s kuhalnikom za krompir. V skledi zmešajte datljev sirup in kokosovo olje.

b) V ločeni posodi zmešajte moko, škrob, sodo bikarbono in začimbo za medenjake. Po dodajanju tekočine zgnetite testo.

c) Desko ali podlago za pecivo potresemo z moko in testo razvaljamo na približno 5 mm debelo.

d) Z modelčki za piškote izrežemo različne oblike. Pečico segrejte na 170°C/325°F in pecite 10 minut. Pustite, da se ohladi in okrasite po želji.

89. Pečena jabolka s sadjem in orehi

SESTAVINE:
- 6 jabolk za peko, opranih in izrezljanih
- 6 žlic veganskega granuliranega sladila
- 6 žlic jagodne ali marelične konzerve
- ½ skodelice sesekljanih orehov

NAVODILA:

a) Pečico segrejte na 350 stopinj Fahrenheita. Jabolka položite v pekač, pazite, da se dotikajo in dobro prilegajo.

b) V sredico vsakega jabolka damo 1 čajno žličko sladkorja, nato pa konzervo. Za piko na i dodajte oreščke. V pekač je treba dodati en centimeter vode.

c) Pečico segrejte na 350°F in pecite 30 minut ali dokler se jabolka ne zmehčajo.

d) Postrezite takoj ali ohladite.

90. Vegan Berry cheesecake

SESTAVINE:
- 4 (8 oz / 225 g) paketi veganskega kremnega sira
- 0,5 oz. Agar Agar + 1 skodelica vroče vode
- 1 škatla (3 oz) veganskega limoninega želeja + 1 skodelica vroče vode
- 1/4 skodelice sladkorja v prahu
- napolitanke
- Sveže jagode ali maline
- 2 škatli (3 oz. vsaka) veganskega jagodnega želeja

NAVODILA:
a) V skodelici vroče vode raztopite 2 zavitka agarja in 1 skodelico limoninega želeja.
b) Ko je sir pripravljen, ga stepajte približno 2 minuti ali dokler ni puhast. Agar Agar in žele dodajte po malo.
c) Mešajte, dokler ne izginejo vse grudice. Dodajte sladkor in nadaljujte s stepanjem, dokler ni vse dobro premešano.
d) Vanilijeve oblate položimo na dno vzmetnega modela. Pekač napolnite z mešanico kremnega sira. Hladite vsaj 2 uri .
e) Pripravite jagodni žele s polovično količino vode (1 skodelica za vsako škatlo, skupaj 2 skodelici iz dveh škatel). Pustite nekaj minut, da se ohladi.
f) Na sirno mešanico, ki je strjena, položite jagode. Ohladite, dokler se žele ne strdi, nato pa ga prelijte čez jagode.

91.Sladki žitni puding

SESTAVINE:
- 1 skodelica pšeničnih jagod ali ječmena
- 4 žlice javorjevega sirupa
- ½ skodelice (115 g) sladkorja
- 2 skodelici (450 g) makovih semen
- bakalie

NAVODILA:
a) Pšenične jagode potem, ko ste jih oprali, namočite čez noč.
b) Zrna namočimo v vodi, dokler se ne zmehčajo, nato jih odcedimo na cedilu.
c) V posodi za mešanje zmešajte makova semena, javorjev sirup, sladkor, bakalije in pšenične jagode.

92.Piškoti orehov polmesec

SESTAVINE:
- 1⅓ skodelice (150 g) moke
- 6 žlic kokosovega masla
- ⅓ skodelice (65 g) drobno mletih orehov
- ¼ skodelice (55 g) sladkorja

NAVODILA:
a) Pečico segrejte na 300 stopinj Fahrenheita (150 stopinj Celzija).
b) Vse sestavine skupaj zgnetemo v testo.
c) Testo z rokami razvaljajte v dolgo vrv in jo zarežite na vsake 3 inče (7,5 cm).
d) Iz vsakega kosa oblikujemo polmesec in ga položimo na pekač.
e) Pečemo približno 20 minut oziroma dokler piškoti rahlo ne porjavijo. Pustite, da se ohladi, preden ga potresete s sladkorjem v prahu.

93.Slivova enolončnica

SESTAVINE:
- 2 funta (900 g) svežih sliv
- neobvezno: ¾ skodelice (170 g) sladkorja

NAVODILA:
a) Slive oplaknemo in jim odstranimo pečke.
b) Slive zavremo v majhni količini vode (toliko, da so prekrite) in občasno premešamo.
c) Sladkor lahko dodamo po dveh urah za slajši okus.
d) Ko se enolončnica zgosti in večina vode izhlapi, prelijemo v steklene kozarce in shranimo na hladnem.
e) Proti koncu časa kuhanja dodajte muškatni orešček, limonin sok ali cimet za dodaten okus.

94. Marmelada

SESTAVINE:
- 2 lb (900 g) svežega sadja, kot so jabolka, hruške, marelice, češnje in/ali jagode
- 1¾ skodelice (395 g) sladkorja

NAVODILA:
a) Odvisno od sadja ali sadežev, ki jih uporabljate, jih očistite, olupite in izkoščičite.
b) Zavremo v majhni količini vode (samo toliko, da pokrije) in občasno premešamo.
c) Pretlačite v mešalniku ali naribajte na najmanjše luknjice, ko je sadje mehko.
d) Kuhajte na majhnem ognju, dokler se masa ne zgosti, ob stalnem mešanju.
e) Nalijte v steklene kozarce in hranite na hladnem.

95.Velikonočna torta

SESTAVINE:
KRHKI PECINSKI KRUST
- 1 ½ skodelice moke
- ½ skodelice drobnozrnatega sladkorja
- ½ skodelice kokosovega masla
- 1 čajna žlička vanilijevega ekstrakta (neobvezno)

PRELIV
- 1 ½ skodelice veganskega Dulce de leche
- oreščki, suho sadje, bonboni za dekoracijo

NAVODILA:

a) V kuhinjskem robotu zmešajte moko in sladkor ter stepite, dokler ni gladka. Nato dodamo na majhne koščke narezano kokosovo maslo in stepamo do drobtin.

b) V ločeni skledi zmešajte vodo in neobvezno vanilijevo esenco.

c) Pečico segrejte na 350°F in testo potisnite v pekač po vaši izbiri. Robove oblikujte tako, da testo ob straneh pritisnete navzgor, ali pa z malo testa zgradite ločen okrasni rob.

d) Dno testa prebodemo z vilicami, da se ne napihne. Nato ga približno 30 minut pecite pri 375 stopinjah Fahrenheita.

e) Odvisno od velikosti in oblike pekača pecite skorjo 20-35 minut na srednji rešetki pečice. Skorja bo postala zlata, vaša kuhinja pa bo napolnjena z aromo kokosovega masla. Pustite, da se ohladi, ko ga vzamete iz pečice.

f) Uporabite Vegan Dulce de leche ali kateri koli drug karamelni namaz. Karamelo segrejte tako, da jo postavite v lonec. Karamelo vlijemo v lupino za pito in pustimo nekaj minut.

g) Pripravite svoje užitne okraske, medtem ko se vaša karamela pripravlja.

96. Puding z vanilijevo kremo

SESTAVINE:
- ½ stroka vanilijevega stroka, lahko prelijete s ½ žlice vanilijevega ekstrakta
- 2 skodelici + 2 žlici rastlinskega mleka
- 5-7 žličk sladkorja
- 3 žlice krompirjeve moke, lahko pomešate s koruzno moko ali koruznim škrobom
- 3-4 žličke malinovega sirupa, za serviranje, po želji

NAVODILA:
a) Polovico vanilijevega stroka prerežemo po dolžini in z nožem postrgamo fižol. Odstrani iz enačbe.
b) Zavremo 1,5 skodelice (350 ml) rastlinskega mleka, stroke vanilije in sladkor.
c) Krompirjevo moko zmešamo s preostalim hladnim rastlinskim mlekom. Na hitro premešamo z metlico, da se v vrelem rastlinskem mleku ne naredijo grudice.
d) Zavremo, nato pa ob stalnem mešanju kuhamo približno 1 minuto ali dokler se krema ne zgosti.
e) Ko odstavite z ognja, nalijte v posamezne desertne kozarce ali posode.
f) Prelijemo z nekaj kapljicami malinovega sirupa in takoj postrežemo.

97.Creme F Udge

SESTAVINE:
- 1/2 skodelice sladkorja
- 2–14 unč pločevinke kondenziranega rastlinskega mleka
- 1/3 skodelice kokosovega masla

NAVODILA:
a) V srednje velikem loncu zmešajte sladkor in kondenzirano rastlinsko mleko. Ko začne vreti, zmanjšajte ogenj na nizko in še naprej nežno in nenehno mešajte. Pri mešanju je potrebna velika previdnost.
b) Po 15–20 minutah vrenja mešanico segrejte na temperaturo 225–235 °F. Odstavite ponev z ognja in dodajte kokosovo maslo ter neprestano mešajte 3 minute.
c) Testo vlijemo v pripravljen pekač in popolnoma ohladimo, preden ga postavimo v hladilnik za vsaj 30 minut.
d) Odstranite ga iz ponve in narežite na koščke. Okrog vsakega ovijte povoščen papir. Zavite dele shranjujte v pokriti posodi, da se ne izsušijo.

98.Mandelj v čokoladnih slivah

SESTAVINE:
- 24 suhe slive, izkoščičene (suhe slive)
- 24 celi mandlji, opečeni
- 8 unč polsladkih čokoladnih koščkov
- zdrobljeni orehi, za okras

NAVODILA:
a) Pečico segrejte na 350 °F in pekač obložite z aluminijasto folijo ali povoščenim papirjem.
b) Čokolado segrevajte v mikrovalovni pečici, dokler se popolnoma ne stopi.
c) Nadaljujte z mešanjem, dokler čokolada ni gladka, nato pa odstavite, da se nekoliko ohladi, medtem ko pripravite suhe slive.
d) Na sredino vsake suhe slive položite mandelj, enega na suho slivo.
e) Vsako suho slivo potopite v čokolado in jo popolnoma potopite.
f) Sladkor položimo na pripravljen pekač in ga, ko je čokolada še mokra, po želji po vrhu potresemo z zdrobljenimi orehi.
g) Ko vse suhe slive položite na pekač, ohladite za 30 minut, da se čokolada strdi, preden jo postrežete.
h) Hraniti v hladilniku do en teden v nepredušni posodi.

99.Veganske sladke sirove rolice

SESTAVINE:
D TESTO
- 250 g / 2 skodelici pšenične moke
- ¼ čajne žličke fine soli
- 7 g / 2¼ čajne žličke instant posušenega kvasa
- 35 g / 3 žlice sladkorja
- pribl. 160 ml / 2/3 skodelice mlačnega rastlinskega rastlinskega mleka
- 30 g / 2 zvrhani žlici blagega kokosovega olja
- 2 žlički rastlinskega rastlinskega mleka + 1 žlička javorjevega sirupa

POLNJENJE
- 135 g / 1 skodelica namočenih surovih indijskih oreščkov
- 1 limona, lupina + 2-4 žlice soka
- 2 žlički vanilijevega ekstrakta
- 80 ml / 1/3 skodelice javorjevega sirupa ali sladkorja
- 80 ml / 1/3 skodelice rastlinskega rastlinskega mleka
- 15 g / 1 zvrhana žlica blagega kokosovega olja ali veganskega kokosovega masla
- 150 g / 5,25 oz. zrele jagode

NAVODILA:
POLNJENJE
a) Vse tekočine dajte na dno mešalnika.
b) Dodamo odcejene in oprane indijske oreščke in mešamo do žametne gladkosti.

D TESTO
c) V velikem mešalniku zmešajte moko, sol, instant kvas in sladkor.
d) Prilijemo večino rastlinskega mleka (1 žlico pridržimo).
e) Zmes zvrnemo na delovno površino, ko se skoraj strdi.
f) Testo zgnetemo tako, da z eno roko primemo en konec, z drugo pa testo razvlečemo.
g) V testo vmešajte kokosovo olje (ni ga treba stopiti).
h) Iz testa izvlecite ves zrak in ga, ko naraste, razdelite na 6-7 enakih delov.

i) Vsako porcijo razvaljamo v kepo in jo položimo v rahlo naoljen pekač, ki ga pokrijemo s kuhinjsko krpo.
j) Pečico segrejte na 180 stopinj Celzija (355 stopinj Fahrenheita).
k) Vsako kroglico z roko sploščimo, nato pa v vsako kroglico pritisnemo rahlo naoljeno stekleno dno, da naredimo globoko vdolbino za nadev.
l) S prsti izpopolnite obliko odtisa, če se testo dvigne.
m) Napolnite z okusno mešanico sira, ki ste jo pripravili prej, in jagodami na vrhu.
n) Testo namažite z mešanico rastlinskega mleka in javorjevega sirupa (ne nadeva).
o) Pečico segrejte na 350°F in pecite 20 minut.

100.Ukrajinski sufle iz dušenega zelja

SESTAVINE:
- po 1 Zelje, veliko, z nepoškodovanimi zunanjimi listi
- 1 vsak Čebula, velika, sesekljana
- 4 žlice masla
- 1½ čajne žličke soli
- ¾ skodelice mleka
- ½ čajne žličke kosmičev rdeče paprike
- 1 čajna žlička belega popra
- 1 čajna žlička majarona
- 3 rumenjaki
- 5 beljakov
- 1 čajna žlička sladkorja
- ½ vsakega stroka česna, mletega

NAVODILA:
a) Zelju olupite sredico in odstranite zunanje liste. Te velike zunanje liste blanširajte v vreli vodi 5 minut. Odcedimo in odstavimo. Zelju olupite sredico, narežite na koščke in dajte v večji lonec.
b) Zelje zalijemo z mlekom in dušimo 25 minut oziroma dokler se zelje ne zmehča. Na maslu prepražimo čebulo in česen. Zmešamo sesekljano zelje, čebulo in česen, maslo od praženja, drobtine, rumenjake in začimbe.
c) Beljake stepemo v trd, vendar ne suh sneg, nato jih vmešamo v zmes. Blanširane ohrovtove liste razporedimo po večji krpi sira. Prepričajte se, da se prekrivajo in da se zmes prilega sredini z dovolj prostora.
d) Mešanico za nadev zložimo na sredino listov. Liste prepognemo navzgor, da prekrijemo nadev. Spojite vogale sirne krpe in jih povežite skupaj z vrvico.
e) Ta sveženj previdno položite v cedilo, cedilo pa postavite v globok lonec nad nekaj centimetrov vode. Lonec pokrijte, da tesni. Lonec zavrite in pustite vreti 45 minut.
f) Odvežite sirno krpo, obrnite in odstranite sirno krpo.
g) Postrezite tako, da soufflé narežete na kolesca.

ZAKLJUČEK

Ko zaključujemo naše kulinarično popotovanje po »Avtentični ukrajinski kuhinji«, upamo, da ste izkusili veselje ob raziskovanju čustvenih in prisrčnih okusov, ki opredeljujejo ukrajinsko kuhinjo. Vsak recept na teh straneh je praznovanje bogate tradicije, raznolikih okusov in topline, zaradi katerih je ukrajinska kuhinja edinstvena in čudovita izkušnja – dokaz veselja, ki prihaja z vsako jedjo.

Ne glede na to, ali ste uživali v bogatem boršču, sprejeli udobje varenyky ali se prepustili sladkosti ukrajinskih sladic, verjamemo, da so ti recepti podžgali vašo strast do poustvarjanja pristnih okusov Ukrajine. Poleg sestavin in tehnik naj "Avtentična ukrajinska kuhinja" postane vir navdiha, povezava s kulturnimi tradicijami in praznovanje veselja, ki ga prinaša vsaka okusna stvaritev.

Ko boste še naprej raziskovali svet ukrajinske kuhinje, naj bo ta kuharska knjiga vaš zaupanja vreden spremljevalec, ki vas bo vodila skozi različne recepte, ki prikazujejo bogastvo in čustveno naravo ukrajinskih kuhinj. Tukaj je, da uživate v pristnih okusih, poustvarjate tradicionalne jedi in sprejemate veselje, ki prihaja z vsakim grižljajem. Смачного! (Dober tek!)

www.ingramcontent.com/pod-product-compliance
Lightning Source LLC
Chambersburg PA
CBHW071336110526
44591CB00010B/1166